KLAUS MEFFERT

Die Streitgenossenschaft im klassischen römischen Recht

Berliner Juristische Abhandlungen

unter Mitwirkung von

Walter G. Becker, Hermann Blei, Arwed Blomeyer, Erich Genzmer, Ernst Heinitz, Ernst E. Hirsch, Hermann Jahrreiß, Emil Kießling, Wolfgang Kunkel, Richard Lange, Walter Meder, Dietrich Oehler, Werner Ogris, Ludwig Schnorr von Carolsfeld, Erwin Seidl, Karl Sieg, Klaus Stern, Wilhelm Wengler, Franz Wieacker, Hans Julius Wolff (Freiburg i. Br.)

herausgegeben von

Ulrich von Lübtow

Band 28

Die Streitgenossenschaft im klassischen römischen Recht

Von

Dr. Klaus Meffert

DUNCKER & HUMBLOT / BERLIN

Alle Rechte vorbehalten
© 1974 Duncker & Humblot, Berlin 41
Gedruckt 1974 bei Buchdruckerei Bruno Luck, Berlin 65
Printed in Germany
ISBN 3 428 03235 7

Vorwort

Diese Schrift hat im März 1973 dem Fachbereich Rechtswissenschaft der Universität Hamburg als Dissertation vorgelegen. Neuerscheinungen sind, soweit möglich, bis Ende 1973 berücksichtigt worden.

Besonderen Dank schulde ich meinem verehrten Lehrer, Herrn Professor Dr. Max Kaser. Er hat die vorliegende Arbeit angeregt und mit freundlichem Rat und bereitwilliger Hilfe wesentlich gefördert. Ich danke auch Herrn Professor Dr. Ulrich von Lübtow und dem Verlag für die Herausgabe dieser Schrift sowie der Universität Hamburg für die Gewährung eines Druckkostenzuschusses.

Klaus Meffert

Inhaltsverzeichnis

Einleitung

§ 1. Gegenstand der Darstellung 11

Erster Teil

Die freiwillige prozeßverbindende Streitgenossenschaft

1. Abschnitt

Die Zulässigkeit der prozeßverbindenden Streitgenossenschaft — Das Verfahren vor dem Gerichtsmagistrat

§ 2. Geschichte der Lehrmeinungen	13
§ 3. Die Vereinbarkeit von Streitgenossenschaft und Formularprozeß ..	15
§ 4. Die Voraussetzungen der Streitgenossenschaft	20
§ 5. Die Streitgenossenschaft bei der rei vindicatio	22
§ 6. Die Streitgenossenschaft bei der vindicatio servitutis	33
§ 7. Die Streitgenossenschaft bei der actio aquae pluviae arcendae	45
§ 8. Die Streitgenossenschaft bei den Klagen aus Verbindlichkeiten auf unteilbare Leistungen	56
§ 9. Ergebnis: Die Zulässigkeit der prozeßverbindenden Streitgenossenschaft — Quellenbestand und Kritik	64

2. Abschnitt

Die Wirkungen der prozeßverbindenden Streitgenossenschaft — Das Verfahren vor dem Urteilsgericht

§ 10. Allgemeines	68
§ 11. Das Urteil	68
§ 12. Ergebnis	82

Zweiter Teil

Die notwendige prozeßverbindende Streitgenossenschaft

§ 13. Die Notwendigkeit der Streitgenossenschaft bei den kontradiktorischen Streitverhältnissen 83

§ 14. Die Notwendigkeit der Streitgenossenschaft bei den Teilungsklagen 88

Dritter Teil

Die prozeßhäufende Streitgenossenschaft

§ 15. Die Begründung der prozeßhäufenden Streitgenossenschaft — Das Verfahren vor dem Gerichtsmagistrat 96

§ 16. Die Wirkungen der prozeßhäufenden Streitgenossenschaft — Das Verfahren vor dem Urteilsgericht 103

Zusammenfassung 105

Literaturverzeichnis 108

Abkürzungsverzeichnis

Aˢ Aˢ	Aulus Agerius (Blankettname für den Kläger in den Klagformeln des Edikts)
AcP	Archiv für die civilistische Praxis (Tübingen)
AG	Archivio giuridico „Filippo Serafini" (Bologna, Pisa, seit 1921 Modena)
AHDE	Anuario de historia del derecho español (Madrid)
APal.	Annali del Seminario giuridico dell' Università di Palermo
Bas. (mit schol.)	Basilicorum libri LX, herausgegeben von G. E. Heimbach u. a., 6 Bände (Leipzig 1833 - 70); neue Ausgabe von H. J. Scheltema u. a. (Groningen seit 1953)
Bull.	Bulletino dell' Istituto di diritto romano (Rom, seit 1940 Mailand)
C.	Codex Iustinianus (Corpus iuris civilis, vol. II, ed. Paul Krüger, 11. Aufl., Berlin 1954)
CT.	Codex Theodosianus, herausgegeben von Theodor Mommsen und Paul M. Meyer, 4. Aufl. (Berlin 1962)
D.(igesta)	Digesta (Corpus iuris civilis, vol. I, herausgegeben von Theodor Mommsen und Paul Krüger, 16. Aufl., Berlin 1954)
Fest.(us)	Sextus Pomponius Festus, De verborum significatu quae supersunt cum Pauli Epitome, ed. W. M. Lindsay (Leipzig 1913; Nachdruck Hildesheim 1965)
FIRA I - III	Fontes iuris Romani anteiustiniani, 2. Aufl., I (Leges 1941), II (Auctores, 1940; Neudruck 1964), III (Negotia 1943; Neudruck mit Anhang 1968), herausgegeben von S. Riccobono u. a., Florenz
Gai.	Gai institutionum comm. IV (ed. B. Kübler, 8. Aufl., Leipzig 1935; FIRA II, 3 ff.; M. David, 2. Aufl., Leiden 1964)
Index	Index interpolationum quae in Iustiniani digestis inesse dicuntur, I mit Supplement (1929), II (1931), III (1935), Weimar
Inst.	Institutiones (Corpus iuris civilis, vol. I, ed. Paul Krüger, 16. Aufl., Berlin 1954)
Iura	IURA, Rivista internazionale di diritto romano e antico (Neapel)

Jus	JUS, Rivista di scienze giuridiche (Mailand)
Labeo	Labeo, Rassegna di diritto romano (Neapel)
lex Rubria	lex de Gallia Cisalpina (vulgo Rubria; FIRA I, 169 ff.)
Ns Ns	Numerius Negidius (Blankettname für den Beklagten in den Klagformeln des Edikts)
Nov.	Novellae (Corpus iuris civilis, vol. III, herausgegeben von R. Schoell / G. Kroll, 6. Aufl., Berlin 1954)
NRH	Nouvelle revue historique de droit français et étranger (Paris)
Plin. ep.	C. Plinii Caecilii Secundi epistolae (ed. C. H. Weise, Leipzig 1881; T. E. Page u. a., 2 Bde., London, Cambridge/Massachusetts, 1961/63)
PS	Pauli sententiae receptae (FIRA II, 317 ff.)
Quint. inst. or.	M. Fabii Quintiliani institutionis oratoriae (ed. E. Bonnell, Leipzig 1868; T. E. Page u. a., 4 Bde., London, Cambridge/ Massachusetts 1958)
Riv. it.	Rivista italiana per le scienze giuridiche (Turin, seit 1947 Mailand)
SC	Senatusconsultum
SDHI	Studia et documenta historiae et iuris (Rom)
s. p. ... c. s. n. p. a.	si paret ... condemnato, si non paret absolvito (Klagformel)
St.	Studi (in onore, in memoria di ...)
SZ	Zeitschrift der Savigny-Stiftung für Rechtsgeschichte, romanistische Abteilung (Weimar)
TR	Tijdschrift voor Rechtsgeschiedenis — Revue d'histoire du droit (Haarlem, seit 1950 Groningen)

Einleitung

§ 1. Gegenstand der Darstellung

Gerichtliche Verfahren zur Feststellung und Durchsetzung privater Rechte[1] finden regelmäßig zwischen zwei Personen statt, die sich zumeist als Kläger und Beklagter mit kontradiktorischen Behauptungen gegenüberstehen.

Lediglich die Teilungsverfahren, die *actio communi dividundo*, die *actio familiae erciscundae*, und ähnlich auch die *actio finium regundorum*, obschon bei dieser keine Rechtsgemeinschaft aufzuteilen ist[2], sind von vornherein auf die Beteiligung mehrerer Personen eingerichtet. Ihre Formel „*quidquid ob eam rem alterum alteri praestare oportet, eius iudex alterum alteri c.s.n.p.a.*"[3] läßt auch bei einer größeren Gemeinschaft eine Abrechnung zwischen allen beteiligten Personen zu. Im Unterschied zu allen übrigen Aktionen sind diese Klagen als *iudicia duplicia* ausgestaltet. Bei ihnen kann der Richter um der endgültigen Auseinandersetzung willen[4] jedem Beteiligten Rechte zuerkennen, so daß jede Partei sowohl die Rolle des Klägers wie des Beklagten innehat[5]. Diese Sonderfälle verdienen eine eigene Untersuchung[6].

Gegenstand der vorliegenden Arbeit ist die Personenmehrheit bei den kontradiktorischen Streitverhältnissen, die darin besteht, daß auf der Aktiv- oder Passivseite mehrere Personen gemeinsam im Verfahren stehen und damit in der gewöhnlichen Bedeutung des Wortes Streitgenossen sind[7].

---

[1] Vgl. zur Abgrenzung des Zivilprozesses von den übrigen Verfahren *Kaser* III, 1 f.

[2] Vgl. nur *Kaser* I, 142 f.; zur *actio finium regundorum* näher u. § 14.

[3] *Lenel* EP, 208, 211.

[4] Daher ist das Teilungsurteil nichtig, wenn es nicht alle Parteien erfaßt, Paul. D. 10.2.27, eod. 48, PS 1.18.4, *Kaser* III, 265 A. 14.

[5] Kläger ist dabei derjenige, der die Einleitung des Verfahrens beantragt; tun dies alle zugleich, so entscheidet über die Klägerrolle das Los, Gai. D. 5.1.13, Ulp. D. 5.1.14, *Kaser* III, 148.

[6] S. aber zu bestimmten Situationen, in denen sich Teilnehmer eines Teilungsverfahrens ausnahmsweise nicht jeweils als Kläger und Beklagte gegenüberstehen, u. § 14.

[7] So jedenfalls in der Sache wohl auch die allgemeine Unterscheidung in der Literatur, vgl. *Bethmann-Hollweg* 466 ff., *Wenger* 79 f., *Kaser* III, 151; anders rechnet etwa *Redenti* 9 f., 64 ff. auch die Parteienmehrheit bei den Teilungsklagen hierher.

Dabei soll das Interesse vornehmlich der gemeinsamen Rechtsverfolgung gelten, die durch eine für alle Beteiligten gemeinsame Formel und *litis contestatio* gekennzeichnet ist und deshalb im klassischen Formularprozeß genaugenommen allein die Bezeichnung „Streitgenossenschaft" rechtfertigt.

Daneben kann eine Prozeßverbindung minderer Intensität auch ohne eine gemeinsame Formel und ohne gemeinschaftliche *litis contestatio* dadurch zustande kommen, daß sich alle Beteiligten auf denselben Richter einigen und dieser die formell voneinander unabhängigen Verfahren in der Verhandlung zusammenfaßt.

Diese Form der Parteienmehrheit soll als formlose, prozeßhäufende Streitgenossenschaft von jener förmlichen oder prozeßverbindenden Streitgenossenschaft unterschieden werden.

Erster Teil

Die freiwillige prozeßverbindende Streitgenossenschaft

1. Abschnitt

Die Zulässigkeit der prozeßverbindenden Streitgenossenschaft
Das Verfahren vor dem Gerichtsmagistrat

§ 2. Geschichte der Lehrmeinungen

In der Geschichte der Lehrmeinungen über die Zulässigkeit und die Voraussetzungen der förmlichen prozeßverbindenden Streitgenossenschaft mit gemeinschaftlicher Formel und gemeinsamer *litis contestatio* spiegelt sich das Interesse der verschiedenen Zeitalter für den klassischen Prozeß.

Dieses Interesse war bei den Juristen des Mittelalters[1] und des gemeinen Rechts[2] verständlicherweise gering. Sie verstanden den Kognitionsprozeß als Grundlage des geltenden Rechts und zweifelten wegen des Titels C. 3.40: „*de consortibus eiusdem litis*" nicht an der Zulässigkeit der Streitgenossenschaft.

Erst seit der Untersuchung *Bethmann-Hollwegs*[3] gewann die geschichtliche Entwicklung des Verfahrens in der juristischen Diskussion allmählich an Bedeutung. Dabei hat auch *Bethmann-Hollweg* die Zulässigkeit der Streitgenossenschaft grundsätzlich anerkannt. Nur bei den teilbaren, auf ein *certum* gerichteten Gesamtschuldverhältnissen hat er eine Ausnahme gemacht, weil man die Forderung teile, wenn man die Namen mehrerer Kläger oder Beklagter in einer gemeinsamen

---

[1] Vgl. etwa *Accursius*, Glossa ordinaria, Bde. 1-3 (Lugduni 1569), Bd. 4-5 (Paris 1566), *Bartolus*, Opera, 10 Bde. (Venetiis 1590), Commentaria, *Cuiacius*, Opera, 13 Bde. (Prati 1836-1846), Paratitla in lib. III Cod. Just. und Recitationes in lib. III prioris Cod. Just.; alle zu C. 3.40.

[2] Vgl. *Planck*, Die Mehrheit der Rechtsstreitigkeiten im Prozeßrecht (1844), 105 ff., *Endemann*, Das Deutsche Civilprozeßrecht (1868), 255 ff., *Wetzell*, System des ordentlichen Civilprozesses, 3. Aufl. (1878), 824 ff., *Castellari* in Glück (it.), Comment. alle pandette, Bd. 11 (1903), 169 ff., 205 ff., *Lux*, Die Notwendigkeit der Streitgenossenschaft (1906), 3 ff. Man stritt allenfalls um die Voraussetzungen der notwendigen Vereinigung.

[3] Der römische Zivilprozeß, Bd. 2, Formulae (1865), 467 ff., 473.

§ 2. Geschichte der Lehrmeinungen

Formel durch ein „*et*" miteinander verbinde, während ein „*aut*" dem Sachverhalt nicht entspreche. Darüber hinaus hat *Dernburg*[4] die gemeinsame Belangung von Gesamtschuldnern überhaupt für unzulässig gehalten, weil eine korreale Verurteilung für die Vollstreckung zu unbestimmt sei. Vor allem aber hat *Redenti*[5] in einer ausführlichen Arbeit die Ansicht vertreten, daß schon die Klage oder Belangung eines einzelnen bei den Gesamtobligationen jedes weitere Verfahren konsumiere und daher die Parteienmehrheit hier ebenfalls undenkbar sei. *Arangio-Ruiz*[6], *Levy*[7], *Wenger*[8] und *Kerr Wylie*[9] bestritten freilich diese Ansicht. Dagegen hat *Biondi*[10] jeden Hinweis auf die Streitgenossenschaft im Formularprozeß aus prinzipiellen Erwägungen den Klassikern abgesprochen und als unklassisch getilgt. Ihm ist bald darauf noch *Ein*[11] gefolgt, während *Pugliese*[12] für die unteilbaren Rechtsverhältnisse der Lehre *Redentis* den Vorzug gab. Demgegenüber haben *Kreller*[13], *La Rosa*[14], *Kaser*[15] und *Voci*[16] die Zulässigkeit der Streitgenossenschaft auch ohne Beschränkung auf bestimmte Aktionen anerkannt.

Die Arbeiten *Redentis* und *Biondis* sind auf der Grundlage der strengen Interpolationenkritik ihrer Zeit die beiden einzigen umfangreichen Darstellungen über die Streitgenossenschaft im römischen Recht. Eine erneute Untersuchung erscheint daher geboten.

---

[4] Pandekten, 7. Aufl. (1903), 199 A. 2, *Dernburg / Sokolowski*, Pandekten, 8. Aufl. (1912), 701 A. 2.

[5] Pluralità di parti nel processo civile (diritto romano), AG 79 (1907), 3 ff., neu abgedruckt in: Scritti e discorsi giuridici di un mezzo secolo, I (1962), 3 ff., 53.

[6] Bull. 21 (1909), 236 ff., 242.

[7] Die Konkurrenz der Aktionen und Personen im klassischen römischen Recht, Bd. 1 (1918), 197 A. 6.

[8] Institutionen des römischen Zivilprozeßrechts (1925), 79 ff., s. auch die — nur geringfügig erweiterte — englische Übertragung, Institutes of the roman law of civil procedure (1955), 83 ff.

[9] Solidarity and Correality (1923), 141 ff.

[10] APal. 12 (1929), 161 ff., 221 ff.

[11] Bull. 39.1 (1931), 73 ff., 139. Im Ergebnis ebenso, aber ohne Bezug auf ihn und unkritisch *Löwisch*, Die historische Entwicklung des Streitgegenstandes, Diss. Münster (1967), 14.

[12] Il processo civile romano, II. Il processo formulare, Tom. I. (1963), 274 ff.

[13] SZ 49 (1929), 513 f.

[14] L'actio iudicati nel diritto romano classico (1963), 209 ff. S. auch *Medicus*, SZ 81 (1964), 233 ff., 264.

[15] *Kaser* III, 151 f.

[16] Iura 21 (1970), 87 f.

§ 3. Die Vereinbarkeit von Streitgenossenschaft und Formularprozeß

Eine durch eine gemeinsame Formel und eine gemeinschaftliche *litis contestatio* gekennzeichnete Streitgenossenschaft war mit dem Formularprozeß und seinen Regeln grundsätzlich wohl vereinbar. Obschon die Musterformeln für den Prozeß eines einzelnen Klägers gegen einen einzigen Beklagten vorgesehen waren, waren sie mit großer Wahrscheinlichkeit doch so variabel, daß sie einer Parteienmehrheit angepaßt werden konnten und eine gemeinsame Streiteinsetzung zuließen.

Dies folgt aus der Worterklärung des Festus zur *litis contestatio*[1]:
Festus 57: Contestari litem dicuntur duo aut plures adversarii, quod ordinato iudicio utraque pars dicere solet: testes estote.

Man spricht deshalb von einer Streitbezeugung zweier oder mehrerer Prozeßgegner[2], weil beide Seiten die Umstehenden als Zeugen aufzurufen pflegen, wenn der Prätor alle Voraussetzungen für die Streiteinsetzung erfüllt gefunden hat[3].

Diese Definition legt die Vermutung nahe, daß eine Parteienmehrheit allgemein zulässig und durchaus nicht ungewöhnlich gewesen ist. Dennoch wollen *Biondi*[4] und *Wolf*[5] sie auf die Teilungsverfahren beschränken[6].

---

[1] Dabei ist freilich zu bedenken, daß Festus offenbar Grammatiker und nicht Jurist war, und daß die Stelle nur in der Epitome des Paulus Diaconus überliefert ist, vgl. *Wolf*, Die litis contestatio im römischen Zivilprozeß (1968), 3.

[2] Dazu sogleich im Text.

[3] So sind wohl die Worte „*ordinato iudicio*" zu verstehen, *Kaser* III, 57 A. 34, 217 A. 10. Allerdings ist es umstritten, ob die Stelle den Legisaktionen- oder den Formularprozeß betrifft oder ob sie sich auf beide Verfahren bezieht; vgl. im ersten Sinne *Costa*, Profilo storico del processo civile romano (1918), 11 A. 2, *Biscardi*, St. Arangio-Ruiz, Bd. 3 (1953), 462 ff., ders., Lezioni sul processo romano antico e classico (1968), 50 ff., *Broggini*, Iudex arbiterve (1957), 11 A. 15, *Pugliese*, Il processo civile romano I: Le legis actiones (1961/62), 390, *Wolf* (o. A. 1), 26 ff.; im zweiten Sinne *Wlassak*, Die Litiskontestation im Formularprozeß (1889), 69 f., *Bonifacio*, St. Albertario, Bd. 1 (1953), 85 A. 1; schließlich *Jahr*, Litis contestatio (1960), 21 ff. und mit Vorsicht auch *Kaser*, SZ 84 (1967), 1 ff., 4 A. 18, 36 A. 148. Einer Entscheidung bedarf es hier nicht. Wenn die Beteiligung mehrerer Personen schon im Legisaktionenverfahren zulässig war, wird sie im Formularprozeß, in dem die besonders strengen Grundsätze des älteren Verfahrens bereits gelockert waren, erst recht möglich gewesen sein. Im übrigen vgl. zur umstrittenen Bedeutung der *litis contestatio* im Formularprozeß nur *Kaser* III, 218 ff., ders., SZ (aaO.), 1 ff., 36 ff., *Wolf* 1 ff., 7 ff.

[4] APal. 12 (1929), 222.

[5] (o. A. 1), 22 ff.; gegen ihn in der Rez. auch *Kaser*, Labeo 15 (1969), 197.

[6] Daß die Worte „*utraque pars*" für Teilungsklagen überhaupt nicht paßten, so *Kreller* (o. § 2 A. 13), 513, trifft freilich auch nicht zu. Auch bei den

Dabei stützt *Biondi* seine Ansicht auf die Vokabel „*adversarii*"; diese weise jede Person als Gegner jeder anderen aus und treffe deshalb bei mehreren Beteiligten nur für die Teilungsverfahren zu. Indessen geht die Bedeutung dieses Wortes über „Gegner im Prozeß" wohl nicht hinaus[7]. Daher können ebensogut Personen gemeint sein, die gemeinsam Gegner einer anderen sind[8]. Etwas anderes ist auch Paul. D. 10.1.4.7 nicht zu entnehmen:

> 23 ad ed.: Si communem fundum ego et tu habemus et vicinum fundum ego solus, an finium regundorum iudicium accipere possumus? et scribit Pomponius non posse nos accipere, quia ego et socius meus in hac actione adversarii esse non possumus, sed unius loco habemur. idem Pomponius ne utile quidem iudicium dandum dicit, cum possit, qui proprium habeat, vel communem vel proprium fundum alienare et sic experiri.

Jemand ist Alleineigentümer eines Grundstücks und zugleich mit einer anderen Person Miteigentümer des Nachbargrundstücks. Beide streiten um die Abgrenzung der Grundstücke, können aber Pomponius zufolge ihren Streit nicht im Grenzscheidungsverfahren austragen. Er führt zur Begründung aus, die Parteien könnten deshalb im Prozeß nicht Gegner sein, weil sie die Stellung ein und derselben Person einnähmen. Diese Begründung besagt nicht, daß mehrere Miteigentümer überhaupt nicht gemeinsam an einem Grenzstreit beteiligt sein können[9]. Sie weist lediglich darauf hin, daß der Alleineigentümer des einen Grundstücks als Miteigentümer des anderen auf beiden Seiten des Verfahrens Prozeßpartei wäre[10].

Anders will *Wolf*[11] die Aussage des Festus deshalb auf die Teilungsklagen beschränken, weil die Worte „*litem contestari*" in der klassischen Literatur ausschließlich für den Kläger verwendet würden und nur bei den Teilungsverfahren alle beteiligten Personen zugleich Kläger und Beklagte seien. In der Tat wird der Vorgang, mit dem die Parteien sich dem Urteilsgericht unterwerfen, aus der Sicht des Klägers überwiegend mit „*litem contestari*" bezeichnet, während für den Beklagten die Wendung „*iudicium accipere*" benutzt wird[12]. Doch läßt sich ein ausschließlicher Sprachgebrauch gerade bei Festus nicht bele-

---

Teilungsklagen tritt eine, notfalls durch Los bestimmte Person als Kläger auf und zwingt damit die anderen Gemeinschafter zur Einlassung, vgl. o. S. 11 und dort A. 5, *Wolf* (o. A. 1), 24.

[7] *Heumann / Seckel*, ad h. v.

[8] So auch *Costa* (o. A. 3), 11 A. 2, *Bethmann-Hollweg* 467 A. 54, *Wenger* 80 A. 10, *La Rosa* (o. § 2 A. 14), 212 A. 180, *Kaser* III, 151 A. 37.

[9] So aber *Biondi* (o. A. 4), 222.

[10] *Kreller* (o. A. 6), 513; s. im übrigen zu dieser umstrittenen Stelle unten S. 91 ff.

[11] (o. A. 1), 22 ff.

[12] *Kaser* III, 219, ders., SZ 84 (1967), 7; anders *Wolf* (o. A. 1), 11 A. 33.

§ 3. Streitgenossenschaft und Formularprozeß

gen[13], weil er den Ausdruck „*(litem) contestari*" auch zur Erklärung der Begriffe „*reus*" und „*contestari*" unterschiedslos für alle Prozeßbeteiligten verwendet:

Festus 273: reus est, qui cum altero litem contestatam habet, sive is egit sive cum eo actum sit.

Festus 38: contestari est, cum uterque reus dicit: testes estote.

Ebenso wie die Worterklärung des Festus zur *litis contestatio* sprechen auch die Wendungen „*lis*" und „*actio plurium personarum*" bei Ulpian D. 3.3.31.1 und Gaius D. 2.1.11.2[14] für die Vereinbarkeit von Streitgenossenschaft und Formularprozeß.

Ulp. D. 3.3.31.1 9 ad ed.: Unius litis plurium personarum plures dari procuratores non est prohibitum.

Bei einem Streit mehrerer Personen ist die Bestellung mehrerer Prozeßvertreter[15] nach Ulpian nicht untersagt.

Diese Entscheidung wäre selbstverständlich, wenn man sie — wie *Biondi*[16] zu Unrecht den Basiliken vorwirft[17] — auf Streitigkeiten mit verschiedenen Formeln bezieht. Auch kann sie nicht ausschließlich

---

[13] Vgl. lex Rubria c. 20 Z. 48 „*quos inter id iudicium accipietur leisve contestabitur*", Fest. 38 und 273 (sogleich im Text), Ulp. D. 6.1.25, 21.1.25.8, eod. 31.13, Paul. D. 5.3.40.pr.; *Jahr* (o. A. 3), 121, *Kaser* III, 219, ders., SZ 84 (1967), 7 und — gegen *Wolf* — Labeo 15 (1969), 197.

[14] Zu Pap. D. 3.5.30.7: „*uno defendente causam communis aquae sententia praedio datur: sed qui sumptus necessarios ac probabiles in communi lite fecit, negotiorum gestorum actionem habet*", s. unten S. 44 f.

[15] „*procuratores*" ist vermutlich für „*cognitores*" interpoliert; s. zu Ulp. D. 3.3.31.pr. statt aller *Keller*, Über Litiscontestation und Urtheil nach class. röm. Recht (1827), 326 A. 5, *Lenel*, EP, 87 A. 4, *La Rosa* (o. A. 8), 216.

[16] (o. A. 4), 246 ff.

[17] Sie enthalten zum Text: μιᾶς δίκης οὔσης πολλῶν προσώπων δύνανται πολλοὶ δίδοσθαι ἐντολεῖς (Bas. 8.2.31; Heimbach 1, 367 = Scheltema A. 1, 418) zwei Scholien; einmal ἀνάγνωθι βιβ. ⟨β'.⟩ τιτ. ιδ'. διγ. θ'. τί γάρ, ὅτι πολλοί τινες μίαν καὶ τὴν αὐτὴν ἔχουσιν ἀγωγήν zu μιᾶς δίκης οὔσης und ἑκάστου αὐτῶν ἰδικόν διδόντος προκουράτωρα zu πολλοὶ δίδοσθαι ἐντολεῖς (Heimbach aaO., Scheltema B 1, 101). Doch weist die Bemerkung, daß jeder einzelne Beteiligte einen eigenen Prozeßvertreter bestellen könne, keineswegs eindeutig auf Streitigkeiten mit verschiedenen Formeln hin, wie sie *Biondi* augenscheinlich annimmt, wenn er diesen Fall der Streitgenossenschaft gegenüberstellt, (o. A. 16), aaO. Auch zieht die Frage, was geschehe, wenn mehreren Personen dieselbe Klage zustände, nicht die Möglichkeit in Zweifel, in einem Streit mehrerer Personen mit gemeinsamer Formel grundsätzlich auch mehrere Prozeßvertreter zu bestellen. Eher soll damit auf das hier auch von der mittelalterlichen Literatur erörterte Problem hingewiesen werden, ob nicht mehrere *de eadem re* Berechtigte oder Verpflichtete sogar zwingend einen gemeinsamen Prozeßvertreter benötigten, vgl. zu D. 3.3.31.1: *Accursius* (o. § 2 A. 1), gl. prohibitum, *Bartolus* (o. § 2 A. 1), Commentaria, *Faber*, Rationalia in Pandectas, 5 Bde. (Lugduni 1659 - 1663), rat. dub.: „*Quotiens de eadem re plures litigant necesse habent unum procuratorem, ne defensio per plures scissa incommodo aliquo actorem afficiat*"; s. etwa Ulp. D. 46. 7.5.7, dazu unten S. 85.

Teilungsklagen betreffen[18], weil jeder Gemeinschafter zugleich die Rolle des Klägers und des Beklagten innehat. Hier könnte ein Prozeßvertreter deshalb gar nicht für mehrere Personen auftreten[19], so daß die Bestellung mehrerer Prozeßvertreter gegebenenfalls nicht bloß nicht untersagt, sondern zwingend geboten wäre. Infolgedessen wird Ulpian die prozeßverbindende Streitgenossenschaft zumindest mitbedacht haben[20].

Biondi[21] hat die Echtheit dieser Stelle allerdings bestritten, weil weder die Parteienmehrheit noch die Koexistenz mehrerer Prozeßvertreter mit dem klassischen Recht vereinbar sei. Doch wie das erste Argument erscheint auch das zweite als petitio principii. Seine Belege Ulp. D. 3.3.31.2 und Paul. D. 3.3.32 handeln lediglich von Vertretern einer Einzelperson und schließen überdies nicht einmal für diesen Fall die gemeinsame Bestellung mehrerer Prozeßvertreter grundsätzlich aus:

Ulp. D. 3.3.31.2 9 ad ed.: Iulianus ait eum, qui dedit diversis temporibus procuratores duos, posteriorem dando priorem prohibuisse videri.

Paul. D. 3.3.32 8 ad ed.: Pluribus procuratoribus in solidum simul datis occupantis melior condicio erit, ut posterior non sit in eo quod prior petit procurator.

Ulpian spricht überhaupt nur von nacheinander bestellten Vertretern. Paulus hingegen beschränkt sich auf die Feststellung, daß von mehreren Vertretern, die mit umfassenden Befugnissen gleichzeitig eingesetzt worden sind, jeder gleichwohl nur insoweit Vertretungsmacht besäße, als nicht ein anderer bereits vor ihm tätig geworden sei.

---

[18] Anders vielleicht *Cuiacius* (o. § 2 A. 1), Comm. in D. 10.2.48, der Ulp. D. 3.3.31.1 im Zusammenhang mit Paul. D. 3.3.42.6 (dazu u. A. 19) als Beispiel für die Bestellung mehrerer Prozeßvertreter bei den Teilungsklagen nennt.

[19] Vgl. Paul. D. 3.3.42.6: „*Si plures heredes sint et familiae erciscundae aut communi dividundo agatur, pluribus eundem procuratorem non est permittendum dare, quoniam res expediri non potest circa adiudicationes et condemnationes: plane permittendum dare, si uni coheredi plures heredes existant.*" Nur die Erben einer Streitpartei haben gleichgerichtete Interessen und können deshalb auch einen gemeinsamen Vertreter bestellen. Daß die generelle Aussage Ulpians sich allein auf diesen Sonderfall beziehen sollte, ist wenig wahrscheinlich.

[20] In diesem Sinne vgl. *Bethmann-Hollweg* 467 A. 55, *Castellari* (o. § 2 A. 2), 207, *Redenti* 101, 103, *Wenger* 80 A. 10, *Pugliese* 276, *Kaser* III, 151 A. 36. Allenfalls mag man erwägen, ob Ulpian mehrere Prozeßvertreter ausschließlich bei einem Streit mit mehreren Personen habe zulassen wollen. Doch machen es die Wortstellung und zahlreiche Texte, die von der Bestellung eines Prozeßvertreters für mehrere Personen sprechen, wahrscheinlich, daß das Gewicht der Aussage eher auf „*plures procuratores*" denn auf „*plurium personarum*" lag, der Jurist also von der Beteiligung mehrerer Personen ausging und ihnen lediglich statt eines gemeinsamen Vertreters grundsätzlich auch mehrere Vertreter zubilligen wollte; vgl. Ulp. D. 46.7.5.7, 21.1.31.5/9, Pap. D. 3.5.30.7, Paul D. 3.3.42.6, *Kaser* III, 152 A. 45.

[21] (o. A. 4), 246 ff.

Damit setzt er die Möglichkeit, zugleich mehrere Vertreter zu bestellen, gerade voraus, und verwehrt ihnen auch gemeinsames Handeln nicht.

Ähnlich wie Ulpian D. 3.3.3.31.1 von *„unius litis plurium personarum"* spricht Gaius D. 2.1.11.2 von einer *„actio communis plurium personarum"*.

> Gai. 1 ad ed. prov.: Si una actio communis sit plurium personarum, veluti familiae erciscundae, communi dividundo, finium regundorum, utrum singulae partes spectandae sunt circa iurisdictionem eius qui cognoscit, quod Ofilio et Proculo placet, quia unusquisque de parte sua litigat: an potius tota res, quia et tota res in iudicium venit et vel uni adiudicari potest, quod Cassio et Pegaso placet: et sane eorum sententia probabilis est.

Im Fragment D. 2.1.11 behandelt Gaius Fragen der Streitwertberechnung zur Abgrenzung der Gerichtsbarkeit[22]. In diesem Zusammenhang erörtert er im pr. die objektive Klagehäufung und in § 1 die Widerklagen. In § 2 wendet er sich den Verfahren mit mehreren Beteiligten zu und weist dabei, durch *„veluti"* angeschlossen, auf die drei Teilungsklagen hin. Er gibt zunächst einen Kontroversenbericht. Wir erfahren, daß Ofilius und Proculus bei der Bestimmung des Streitgegenstandes von dem Anteil des einzelnen ausgegangen sind, weil sich das Begehren jedes Beteiligten auf seinen Anteil beschränke. Cassius und Pegasus haben dagegen auf die ganze Sache abgestellt, da diese in gesamtem Umfang zum Gegenstand des Rechtsstreits werden und sogar einem Beteiligten allein[23] zugewiesen werden könne. Diese Begründung überzeugt auch Gaius[24].

Inwieweit die Formulierung *„actio communis plurium personarum"* einen Hinweis auf die prozeßverbindende Streitgenossenschaft enthält, hängt hiernach davon ab, ob der Jurist mit den drei Teilungsklagen die Verfahren mit mehreren Beteiligten lediglich beispielhaft oder — so *Biondi*[25] — erschöpfend aufgezählt hat. Dabei kann *Biondi* für sich in Anspruch nehmen, daß in der Tat im weiteren Textverlauf ausschließlich die Teilungsklagen behandelt werden. Dies zeigen die Worte *„de parte sua litigat"* und *„adiudicari"*. Anderseits ist die vorge-

---

[22] Das Fragment bezieht sich auf die Munizipalgerichtsbarkeit, *Wlassak*, SZ 9 (1888), 384, *Lenel*, Pal. I, Sp. 189 A. 5, *Kaser* III, 128 A. 47, die im ersten Jahrhundert, der Zeit der berichteten Kontroverse, gewissen, im einzelnen umstrittenen Beschränkungen unterworfen war, s. nur *Kaser* III, 128.

[23] Dazu *Berger*, Zur Entwicklungsgeschichte der Teilungsklagen im klassischen römischen Recht (1912), 96 ff., Ulp. D. 10.2.55.

[24] Einer näheren Erörterung der dargestellten Kontroverse selbst bedarf es nicht. In jedem Fall macht die Behandlung des Streitwerts deutlich, daß sich die Stelle auf den Formularprozeß bezieht, obwohl sie dem Kommentar zum Provinzialedikt entstammt, *Kaser* III, 371 A. 32 und o. A. 22.

[25] (o. A. 4), 223.

nannte Formulierung immerhin recht allgemein gehalten. Sie wäre darum mit *Biondis* Ansicht nur zu vereinbaren, wenn Gaius als Schuljurist nach der objektiven Klagehäufung im pr. und den Widerklagen in § 1 hier ebenfalls eine Kategorie gebildet hätte, obwohl es andere als die drei aufgeführten Beispiele nicht gab. Darüber hinaus legt die übliche Deutung von „*veluti*" mit „wie" oder „zum Beispiel"[26] die Vermutung nahe, Gaius habe weitere Fälle der Parteienmehrheit gekannt[27]. Dem widerspricht nicht, daß sich der Kontroversenbericht auf die Teilungsklagen beschränkt. Wenn der dargestellte Streit tatsächlich nur bei diesen Verfahren aufgetreten ist, könnte die Formulierung „*actio communis plurium personarum*" im Anschluß an die Klagehäufung und die Widerklage lediglich eine Gedächtnisstütze sein. Anderenfalls mag der Grund der Beschränkung darin zu suchen sein, daß die Teilungsklagen das geläufigste und sinnfälligste Beispiel einer Parteienmehrheit bildeten.

Mit großer Wahrscheinlichkeit konnte also eine Parteienmehrheit mit gemeinsamer Formel und gemeinschaftlicher *litis contestatio* auch bei den kontradiktorischen Streitverhältnissen auftreten. Offenbar haben die römischen Juristen aber diese Streitgenossenschaft weder als besonderes prozeßrechtliches Institut ausgebildet noch von der Parteienmehrheit bei den Teilungsklagen dogmatisch abgegrenzt. Der später verwandte Begriff „*litisconsortium*" ist eine unrömische Schöpfung. Er geht auf eine Fehldeutung des Titels C. 3.40 „*de consortibus eiusdem litis*" zurück. Unter ihm haben die Kompilatoren die von „*consortes agri*" handelnde Konstitution C. 3.40.1 des Kaisers Julian mit einer anderen Entscheidung zusammengefaßt, die einen Fall der Parteienmehrheit betrifft[28].

§ 4. Die Voraussetzungen der Streitgenossenschaft

Die Voraussetzungen der Streitgenossenschaft lassen sich aus Mangel an Belegen weitgehend nur mittelbar erschließen.

In formeller Hinsicht hat der Prätor gewiß bei jedem Beteiligten zunächst die allgemeinen Prozeßvoraussetzungen geprüft, deren Erfüllung er auch bei der Klage oder Belangung eines einzelnen regelmäßig fordert[1]. Darüber hinaus wird er verlangt haben, daß die Par-

---

[26] *Heumann / Seckel* ad h. v.; die dritte von ihm genannte Möglichkeit — „gleichsam" — paßt überhaupt nicht.
[27] Vgl. in diesem Sinne *Bethmann-Hollweg* 467 A. 55, *Wenger* 81 A. 16, *Kaser* III, 151 A. 36 und wohl auch *Redenti* 103.
[28] *Planck* (o. § 2 A. 2), 105 ff., 138 ff., 147, *Kaser* III, 151 A. 36.
[1] So etwa die Fähigkeit jedes einzelnen, im Prozeß Partei zu sein und als Partei aufzutreten, und seine Postulationsfähigkeit; s. nur *Kaser* III, 148 ff., 179 ff.

§ 4. Voraussetzungen   21

teien zur Erteilung der Formel gemeinschaftlich vor ihm erscheinen und gemeinsam die *litis contestatio* vollziehen. Die nachträgliche Erweiterung des Verfahrens auf andere Personen war außer in den eng umgrenzten Fällen, in denen ein Prozeß durch *translatio iudicii* auf eine neue Partei übertragen werden konnte[2], offenbar unbekannt[3].

Sachlich hing die Streitgenossenschaft vermutlich davon ab, daß alle beteiligten Personen aus demselben tatsächlichen und rechtlichen Grunde berechtigt und verpflichtet waren. In diesem Fall traf dieselbe Musterformel für alle Beteiligten zu, wenn sie anstelle des Namens eines einzelnen Klägers oder Beklagten alle Gläubiger und Schuldner benannte oder — bei den *actiones in rem* — die Namen aller klagenden Eigentümer und verklagten Besitzer enthielt. Diese konnten jeweils durch ein „*et*" miteinander verbunden werden[4]. Eine gemeinsame Klage oder Belangung mehrerer Personen aus unterschiedlichen Rechten ist dagegen weder bezeugt noch wahrscheinlich. Die entsprechende Formel müßte aus mehreren Mustern zusammengesetzt werden. Mit dem Enumerationsprinzip des Formularprozesses wäre dies schwerlich vereinbar.

Weitere, in dem streitigen Rechtsverhältnis selbst begründete Voraussetzungen lassen sich den erörterten Stellen zur Vereinbarkeit von Streitgenossenschaft und Formularprozeß nicht entnehmen. Es gibt auch kein Zeugnis, das die Streitgenossenschaft von bestimmten Rechtsverhältnissen ausdrücklich ausnähme. Gleichwohl will sie ein Teil der Literatur auf geteilte[5] oder jedenfalls teilbare[6] Rechtsverhältnisse be-

---

[2] Paul. D. 3.3.42.7, D. 10.2.48 (dazu u. S. 94 f.). Die Übertragung des Verfahrens geschieht auf Antrag des Klägers durch Dekret des Magistrats. In diesem wird das ursprüngliche Prozeßprogramm den neuen Beteiligten angepaßt, dem diese sich zur Vermeidung der Indefensionsfolgen dann unterwerfen müssen, ohne daß eine erneute *litis contestatio* erfolgt; vgl. nur *Bonifacio*, Studi sul processo formulare romano: Translatio iudicii (1956), 41 ff., *Kaser* III, 271 f. und dort A. 29 mit weiterer Literatur.

[3] Auch die Nebenintervention hat man offenbar erst im Kognitionsprozeß zugelassen, z. B. Alex. C. 4.48.1, Mac. D. 49.1.4.4, *Kaser* III, 382.

[4] *Bethmann-Hollweg* 469 A. 63, 473, *Levy* (o. § 2 A. 7), 197 A. 6, *Kaser* III, 151 A. 37, also etwa bei der *rei vindicatio per formulam petitoriam*: „*si paret rem, qua de agitur, ex iure Quiritium Auli Agerii et Titii Sempronii esse neque ea res Aulo Agerio et Titio Sempronio restituetur* . . .," ohne daß wir freilich hierfür ein Beispiel besitzen. Doch mag das Verfahren im Einzelfall auch eine andere Form erfordern, die Mitberechtigung bei der *rei vindicatio per sponsionem* also vielleicht durch die Worte: „*si res, q. d. a., ex iure Quiritium nostra est* . . ." zum Ausdruck gebracht werden können, *Bethmann-Hollweg* 468. Zu den beiden Verfahrensarten bei der *rei vindicatio* s. Gai. 4. 91 ff.

[5] *Redenti* 13 ff., 43 ff. Er bestreitet zwar nicht, daß mehrere Gläubiger einer ungeteilten — teilbaren — Gesamtobligation gemeinsam klagen und ebenso mehrere Schuldner aus diesem Verhältnis gemeinsam belangt werden könnten, nimmt aber an, daß sich das ursprüngliche Gesamtschuld-

schränken. Einmal fehle bei allen übrigen Aktionen jeglicher Beleg für die Prozeßverbindung, während der Umstand, daß jeder einzelne Berechtigte auf das Ganze klagen und jeder Verpflichtete oder Besitzer auf das Ganze belangt werden könne, besonders hervorgehoben werde. Zum anderen ließen sich nur geteilte Rechte gedanklich in einer gemeinsamen Formel summieren. Vor allem aber müsse die Klagehäufung wie die Wiederholung des Verfahrens unzulässig sein, soweit eine einzige Klage auf den gesamten Betrag jede weitere konsumiere. Indessen zeigt sich am Beispiel der *rei vindicatio*, der *vindicatio servitutis*, der *actio aquae pluviae arcendae* und der Klagen aus Verbindlichkeiten zu unteilbarer Leistung, daß diese Ansicht weder aus dem erhaltenen Quellenbestand zu begründen noch zwingend aus den allgemeinen Prinzipien des Formularprozesses herzuleiten ist.

§ 5. Die Streitgenossenschaft bei der rei vindicatio

1. Die *rei vindicatio* ist die Klage des nichtbesitzenden quiritischen Eigentümers einer Sache gegen den Besitzer auf Herausgabe oder notfalls Wertersatz[1]. Sie konnte nach überwiegender Literaturmeinung — von der nur *Biondi*[2] und *Ein*[3] abweichen, die die Zulässigkeit der Streitgenossenschaft prinzipiell verneinen — auch von mehreren Miteigentümern und gegen mehrere Mitbesitzer gemeinsam erhoben werden[4]. Doch ist weder eine gemeinsame Klage von Miteigentümern noch eine gemeinsame Belangung von Mitbesitzern mit Sicherheit nachweisbar.

2. Die Rechtsstellung mehrerer Miteigentümer wird vielmehr in den Quellen wie etwa bei Gai. D. 6.1.76.pr. vornehmlich dahin umschrieben, daß jeder einzelne seinen Anteil selbständig einklagen könne[5]:

---

verhältnis in diesem Fall ipso iure in mehrere Teilrechtsverhältnisse verwandele, aaO., 52.

[6] So *Pugliese* 274 ff., der „situazioni divisibili" und „indivisibili" unterscheidet. Ob er die o. A. 5 beschriebene Ansicht *Redentis* teilt, ist unklar, s. aaO., 277.

[1] Vgl. nur *Kaser* I, 432 ff.
[2] APal. 12 (1929), 221 ff., 224.
[3] Bull. 39.1 (1931), 73 ff., 139.
[4] So ausdrücklich *Bethmann-Hollweg* 468, *Redenti* 16 ff., *Kaser* III, 151. Aber auch die übrigen o. S. 14 genannten Autoren — mit Ausnahme von *Biondi* und *Ein* — erkennen hier die prozeßverbindende Streitgenossenschaft an, indem sie ihre Zulässigkeit überhaupt nur bei den Gesamtrechtsverhältnissen in Zweifel ziehen oder sie, wie *Pugliese* 274 ff., bei den teilbaren Rechtsverhältnissen generell billigen.
[5] Vgl. außer Gai. D. 6.1.76.pr.: Ulp. D. 6.1.3.2, Paul. D. 6.1.6, 6.1.8, 6.1.35.3, 6.2.12.6 (zur *actio Publiciana*); s. nur *Redenti* 16, *G. Segrè*, La comproprietà e la comunione degli altri diritti reali, Corso di diritto romano (1931), 131, *Pugliese* 274, *Kaser* TR 29 (1961), 192, *Kaser* III, 151 A. 38.

§ 5. rei vindicatio

7 ad ed. prov.: Quae de tota re vindicanda dicta sunt, eadem et de parte intellegenda sunt, officioque iudicis continetur pro modo partis ea quoque restitui iubere, quae simul cum ipsa parte restitui debent.

Dabei ist für uns nicht mehr erkennbar, auf welche Weise — etwa durch Einräumung des Mitbesitzes — die Restitution des Anteils erfolgte[6]. Jedenfalls drohte dem Miteigentümer, außer bei der *vindicatio incertae partis*[7], sogar die Gefahr der *pluris petitio*[8], wenn er die Klagbeschränkung unterließ.

Diese Teilbarkeit der *rei vindicatio* ist nun für *Redenti*[9] notwendige und auch hinreichende Voraussetzung für eine gemeinschaftliche Klage aller Miteigentümer, weil man die einzelnen Teilrechte als Bruchteile einer Gesamtberechtigung summieren und in einer einzigen Formel[10] zusammenfassen könne. Seine Belege Ulpian D. 40.12.8.1, Paulus D. 5.4.9, Julian D. 30.84.13[11] und Quintilian inst. or. 3.10.2[12] erbringen jedoch für seine These keinen Beweis:

Ulpian D. 40.12.8.1 behandelt die *vindicatio in servitutem:*

55 ad ed.: Si plures sibi dominium servi vindicant dicentes esse communem, ad eundem iudicem mittendi erunt: et ita senatus censuit. ceterum si unusquisque suum esse in solidum, non in partem dicat, cessat senatus consultum: neque enim timor est, ne varie iudicetur, cum unusquisque solidum dominium sibi vindicet.

Wenn mehrere Personen eine andere gemeinschaftlich als Sklaven beanspruchen, soll der Prätor einem nicht näher bezeichneten SC[13] zufolge zur Vermeidung widersprechender Entscheidungen ein und denselben Urteilsrichter bestellen. Dagegen ist er hieran nicht gebunden,

---

[6] *Kaser,* Quanti ea res est (1935), 22.

[7] Gai. 4.54: *Illud satis apparet in incertis formulis plus peti non posse, quia, cum certa quantitas non petatur, sed quidquid adversarium dare facere oportet intendatur, nemo potest plus intendere. Idem iuris est et si in rem incertae partis actio data sit: velut talis quantam partem paret in eo fundo quo de agitur actoris esse; quod genus actionis in paucissimis causis dari solet;* ferner Gai. D. 6.1.76.1, Ulp. D. 6.1.3.2, 6.1.5.pr., Paul. D. 10.3.8.1. Vgl. *Segrè* (o. A. 5), 131 f., *Broggini,* Iudex arbiterve (1957), 68 ff., *Provera,* La pluris petitio nel processo romano I: La procedura formulare (1958), 151 ff., 183 ff., *Kaser,* TR 29 (1961), 186 ff., *Kaser* III, 249; zur Formel *Kaser* III, 239 A. 8, ders., Symbolae David I (1968), 107 f.

[8] Zur *pluris petitio* s. nur Gai. 4.53 - 60, Inst. 4.6.33 - 35; *Provera* (o. A. 6), 1 ff., dazu *Kaser,* Iura 10 (1959), 263 ff.; *Broggini* SZ 77 (1960) 481 ff.; *Kaser* III, 247 ff.

[9] S. 17.

[10] *Redenti* 17 denkt an „rem nostram esse" oder ähnliche Formeln; dazu o. § 4 A. 4.

[11] *Redenti* 16 schreibt — offenbar versehentlich — D. 30.84.3.

[12] Hierauf beruft sich *Redenti* 16 freilich nur mit Vorsicht: „la attesta forse Quint. inst. or. 3.10.2."

[13] Auch *Volterra,* Senatus consulta, in: Novissimo Digesto Italiano, Bd. 16 (1969), 1047 ff., erwähnt es in seiner Aufstellung nicht.

wenn jeder von ihnen behauptet, Alleineigentümer zu sein. Dann kann es nämlich zu abweichenden Urteilen über die Freiheit des anderen nicht kommen[14].

Immerhin kann die *„missio apud eundem iudicem"*, von der der Jurist berichtet, durchaus mit der Erteilung einer gemeinsamen Formel an alle Beteiligten und einer gemeinschaftlichen *litis contestatio* verbunden gewesen sein. Sie braucht es indes nicht, wie § 2 eodem bestätigt. Hiernach soll eine gemeinschaftliche Verhandlung auch dann stattfinden, wenn mehrere Personen als Eigentümer und Nießbraucher oder Pfandgläubiger eines anderen auftreten und daher unterschiedliche Formeln verwenden müssen[15]:

> 55 ad ed.: Sed et si alter usum fructum totum, alter proprietatem servi vindicet, item si alter dominium, alter pigneratum sibi dicat, idem iudex erit: et parvi refert, ab eodem an ab alio ei pignori datus sit.

In demselben Zusammenhang umschreibt auch Gaius mit den Worten *„ad eundem iudicem mittere"* offenkundig nur die gemeinschaftliche Verhandlung formell getrennter Verfahren:

> Gai. D. 40.12.9.pr. ad ed. praet. urb. tit. de lib. c.: Si pariter adversus eum, qui de libertate litigat, consistant fructuarius et proprietarius, fieri potest, ut alteruter absit: quo casu an praesenti soli permissurus sit praetor adversus eum agere, dubitari potest, quia non debet alterius collusione aut inertia alteri ius corrumpi. sed rectius dicitur etiam alterutri eorum permittendum agere, ut alterius ius incorruptum maneat. quod si adhuc nondum finito iudicio supervenerit, ad eundem iudicem mittetur, nisi si iustam causam adferat, quare ad eum mitti non debeat, forte si eum iudicem inimicum sibi esse adfirmet.

Ein Nießbraucher und ein Eigentümer strengen die *vindicatio in servitutem* an; am vorgesehenen Termin für die Streiteinsetzung bleibt jedoch einer von ihnen aus. In diesem Fall darf der Prätor zwar dem Anwesenden die Formel erteilen. Er soll aber dem anderen, sofern er noch vor dem Ende des ersten Verfahrens zurückkehrt, zur Verhandlung und Entscheidung über seine Klage denselben Richter bestellen.

---

[14] Die Stelle ist trotz der Verdächtigungen *Biondis* (o. A. 2), 227 ff. — der die Worte *„ad eundem iudicem mittendi erunt"* und den Schlußsatz ab *„neque enim"* tilgt — jedenfalls wohl in der Sache vertrauenswürdig, vgl. *Redenti* 25 f., 93, 98, *Betti*, D. 42.1.63, Trattato dei limiti soggettivi della cosa giudicata in diritto romano (1922), 438 f., *Marrone*, APal. 24 (1955), 313 ff., *Franciosi*, Il processo di libertà in diritto romano (1961), 106 ff. Hierzu und auch zur Beziehung der Stelle auf den Formularprozeß s. näher u. S. 96 f. und dort A. 3, 4.

[15] *Marrone* (o. A. 14), 315 f.: „In tal modo, non si aveva un litisconsorzio in senso tecnico, ma due liti distinte, con formule, litis contestationes e sentenze separate." Vgl. in diesem Sinne wohl auch *Castellari* (o. § 2 A. 2), 205 f., 212 ff.; gegen ihn freilich *Redenti* 98 A. 151. Von einer Streitgenossenschaft — ohne Differenzierung — sprechen ferner *Betti* (o. A. 14), 439 A. 1 und *Kaser* III, 151 und dort A. 48. Zu Ulp. D. 40.12.8.2 s. im übrigen die o. A. 14 angegebene Literatur und u. S. 97 A. 3, 4.

§ 5. rei vindicatio

Die Erteilung einer gemeinsamen Formel und der Vollzug einer gemeinschaftlichen *litis contestatio* scheiden hier von vornherein aus[16].

In Paul. D. 5.4.9 benennt *Redenti*[17] die Worte „*totam ... petere eos*" als Zeichen einer Streitgenossenschaft:

> 3 epit. Alf. dig.: Cum multi heredes instituti essent, ex his unus in Asia erat: eius procurator venditionem fecit et pecuniam pro parte eius abstulerat: postea apparuerit eum qui in Asia erat antea decessisse instituto ex parte dimidia herede procuratore suo et ex parte alio. quaesitum est, quemadmodum pecunia ex hereditate petenda esset. responsum est ab eo, qui procurator eius fuisset, totam hereditatem, quia ex hereditate ea pecunia fuisset quae ad procuratorem ex venditione pervenisset, petere eos oportere: et nihilo minus partem dimidiam hereditatis a coheredibus eius. ita fore, sive omnis ea pecunia penes eum qui procurator fuisset resideret, ut omnem per iudicem ab eodem recuperarent, sive is partem dimidiam coheredi suo reddidisset, ipsum ex dimidia parte et ex dimidia coheredes eius condemnarent.

Eine Person in der Provinz Asia ist gemeinsam mit anderen von einem Dritten zum Erben eingesetzt worden. Vor der Erbauseinandersetzung hat der Prokurator dieser Person einen zum Nachlaß gehörenden Gegenstand verkauft und von dem Erlös den Anteil seines Geschäftsherrn einbehalten. Später stellt sich heraus, daß dieser bereits vor dem Dritten verstorben war, ihn also auch nicht beerbt haben konnte, und seinerseits seinen Prokurator und eine weitere Person jeweils zur Hälfte als Erben eingesetzt hatte. Hieraus entsteht die Frage, von wem und in welchem Umfang die wahren Berechtigten nunmehr den ihnen bisher vorenthaltenen Erlösanteil einfordern könnten. Die Antwort lautet, der Prokurator habe den gesamten Betrag zu zahlen, da der Erlös letztlich aus dem Nachlaß des später Verstorbenen stamme; beide aber müßten für die Hälfte einstehen, wenn sie den Erlös untereinander geteilt hätten.

Die Worte „*totam ... petere eos*"[18] weisen also weder auf die Summierung mehrerer Einzelforderungen noch überhaupt auf eine Streit-

---

[16] Vgl. in demselben Sinne wie o. A. 15 die dort genannte Literatur, insbes. *Marrone* 320 A. 601, 315 f. Auch diese Stelle ist trotz *Betti* (o. A. 14), 434 A. 1 und *Biondi* (o. A. 2), 230 f., die den Teil „*quod si adhuc nondum finito iudicio supervenerit, ad eundem iudicem mittetur*" verdächtigen, wohl jedenfalls sachlich verläßlich, wenn auch im einzelnen umstritten, s. *Redenti* 25 f., 26 A. 37, *Marrone* 317 ff., *Franciosi* (o. A. 14), 106 ff. Näheres u. S. 98 f.

[17] 16 f.

[18] Diese Worte bewahren alle Kritiker der Stelle, wenn sie im übrigen auch wohl zu Recht das auf „*totam*" folgende Wort „*hereditatem*" bemängeln, weil es ja nur um den Erlös geht, vgl. *Mommsen*, Digesta ad h.l., *Appleton*, NRH 40 (1916), 24 A. 1, *Talamanca*, Studi sulla legittimazione passiva all' hereditatis petitio (1956), 151 f., *Watson*, The Law of Obligations in the Later Roman Republic (1965), 204. Ohne Begründung tilgt *Beseler*, Beiträge zur Kritik der römischen Rechtsquellen, Bd. 3 (1913), 79, Bd. 4 (1920), 46, SZ 50

genossenschaft hin. Sie beantworten im Zusammenhang allein die materiellrechtliche Zweifelsfrage, in welchem Umfang der Prokurator und sein Miterbe für den einbehaltenen Erlösanteil einstehen müßten[19]. Die prozessuale Form, in der die Berechtigten ihren Anspruch durchsetzen könnten, ist nicht Gegenstand der Entscheidung[20].

Den Beweiswert von Quint. inst. or. 3.10.2 bezweifelt *Redenti* selbst[21]:
3.10.1: Ceterum causa omnis, in qua pars altera agentis est, altera recusantis, aut unius rei controversia constat aut plurium. haec simplex dicitur, illa coniuncta. una controversia est per se furti, per se adulterii. plures autem eiusdem generis, ut in pecuniis repetundis, aut diversi, ut si quis sacrilegii et homicidii simul accusetur. quod nunc in publicis iudiciis non accidit, quoniam praetor certa lege sortitur, principum autem et senatus cognitionibus frequens est et populi fuit; privata quoque iudicia saepe unum iudicem habere multis et diversis formulis solent.

(1930), 44 aber darüber hinaus zwischen „*totam*" und „*petere eos*" den gesamten Text; im folgen indes auch *Talamanca* und *Watson*, jeweils aaO.

[19] Die Klassizität der Antwort ist freilich umstritten. *Beseler, Talamanca* und *Watson*, jeweils o. A. 18, aaO. nehmen an, die Klage habe in jedem Fall gegen den Prokurator gerichtet werden müssen, gleichgültig, ob dieser das Geld noch besitze, während *Faber* (o. § 3 A. 17), zu D. 5.4.9 glaubt, daß auch der Miterbe des Prokurators in dieser Eigenschaft unter allen Umständen auf den ganzen Betrag gehaftet habe. Er tilgt deshalb die Worte „*partem dimidiam hereditatis*". In der Tat zeigt die Stelle Bearbeitungsspuren. So wird etwa anfänglich nur von einem einzelnen Miterben des Prokurators, später aber von den „*coheredibus suis*" gesprochen, ein Wechsel, der sich auch im letzten Satz wiederholt, vgl. schon *Faber* aaO., ferner *Talamanca* 152 und *Watson* 204 A. 4. Außerdem verträgt sich die anfängliche apodiktische Entscheidung, man könne von dem Prokurator den gesamten Betrag verlangen, nur schwer mit der anschließenden Einschränkung, es komme darauf an, bei wem der Erlös verblieben sei. Vielleicht ist ein ausführlicher Kontroversenbericht verkürzt worden.

[20] Welche Klagart die richtige wäre, ist zudem zweifelhaft. Die Kompilatoren haben, wie der Titel D. 5.4: „*si pars hereditatis petatur*" zeigt, an die sog. *hereditatis petitio partiaria* gedacht, die der *rei vindicatio* in der Tat ähnlich wäre, vgl. auch *Lenel*, Pal. I, Sp. 47. Diese Klage setzt indes wohl voraus, daß der Prokurator seinen Geschäftsherrn und Erblasser den wahren Berechtigten gegenüber als deren Miterben bezeichnet hat, also etwa mit ihnen darum stritt, ob jener Dritte oder sein Geschäftsherr zuerst verstorben sei. Als anfänglicher Fremdbesitzer wäre er wegen der Regel „*nemo sibi ipse causam possessionis mutare potest*", Iul. D. 41.3.33.1, andernfalls weder „*pro herede*" noch „*pro possessore*" Besitzer und daher für die *hereditatis petitio* gar nicht passiv legitimiert; so nach einem anonymen Scholion schon *Stephanus*, Bas. 42.2.9, schol. καὶ ἰνδικεύων (Heimbach 4, 248 = Scheltema B 7, 2582), *Accursius* (o. § 2 A. 1), gl. totam hereditatem zu D. 5.4.9, *Faber* (o. A. 19), aaO.; ebenso *Talamanca* (o. A. 18), 153. Träfe darüber hinaus die Vermutung zu, daß der Prokurator ursprünglich auch dann in voller Höhe haften sollte, wenn er den Erlös mit seinem Miterben geteilt hatte (dazu o. A. 19), wäre dieses Ziel mit der *hereditatis petitio* überhaupt nicht erreichbar. Deshalb denkt *Watson* (o. A. 18), 204 A. 4 an die *condictio indebiti*. Eher angemessen erscheint jedoch die *actio negotiorum gestorum*, *Talamanca* 153 ff., zumal sich das 3. Buch der Dig. des Alfenus außer auf die *actiones in rem* auch auf die *bonae fidei iudicia* bezieht, *Lenel*, Pal. I, Sp. 47 A. 2.

[21] Vgl. o. A. 12 und *Redenti* 38.

§ 5. rei vindicatio

3.10.2: Nec aliae species erunt, etiamsi unus a duobus dumtaxat eandem rem atque ex eadem causa petet aut duo ab uno aut plures a pluribus, quod accidere in hereditariis litibus interim scimus, quia quamvis in multis personis causa tamen una est, nisi si condicio personarum quaestiones variaverit.

Quintilian teilt alle kontradiktorischen Prozeßverhältnisse danach ein, ob ihnen eine oder mehrere Rechtsstreitigkeiten zugrunde liegen, wobei er beide Gruppen als *causa simplex* und *coniuncta* auch begrifflich voneinander scheidet. Zunächst behandelt er die Prozesse zwischen zwei Personen. Dabei rechnet er aus dem Bereich des Strafrechts alle Verfahren wegen eines einzelnen Verbrechens zur ersten, alle übrigen Verfahren zur zweiten Gruppe. Wir erfahren, daß es zu seiner Zeit eine Kumulation verschiedener Strafverfahren nicht mehr gegeben habe, weil der Prätor jedes einzelne Verfahren an einen besonderen Gerichtshof habe verweisen müssen. Sie komme jedoch vor dem Senats- und Kaisergericht noch häufig vor[22]. Ebenso oft habe in Zivilverfahren ein und derselbe Richter über mehrere verschiedene Formeln zu entscheiden.

Dieselbe Einteilung wählt Quintilian in § 2 auch für die Verfahren mit mehreren Beteiligten[23]. Wenn ein einzelner gegen zwei Personen mit demselben Ziel und aus demselben Grunde klage oder in der gleichen Weise zwei Personen gegen eine oder mehrere Personen gegen mehrere vorgingen, sei daher eine *causa simplex* anzunehmen[24], sofern nicht die streitigen Fragen durch die persönlichen Verhältnisse der Beteiligten verändert würden. Dies komme bisweilen bei Erbschaftsstreitigkeiten vor.

In der Tat scheinen die Worte „*unus a duobus dumtaxat eandem rem atque ex eadem causa petet aut duo ab uno aut plures a pluribus*" in diesem Zusammenhang auf eine prozeßverbindende Streitgenossen-

---

[22] Im Akkusationsprozeß war für jedes *crimen* ein besonderer Gerichtshof vorgesehen, so daß eine Kumulation unterschiedlicher Klagen ausgeschlossen war, vgl. *Mommsen*, Römisches Strafrecht (1899), 186 ff., 204, 343 ff., 379 f.; s. auch *Kunkel*, RE 24.1 (1963), s. v. quaestio, Sp. 740 ff. Dagegen konnte sie im älteren Strafrecht offenbar durch den Magistrat zugelassen werden und war später auch vor dem Senats- und Kaisergericht — dazu *Bleicken*, Senats- und Kaisergericht (1962), — allgemein möglich, *Mommsen*, 205, 378 f. Die von *Mommsen* für die ältere Zeit behaupteten Verfahrensarten des magistratischen und magistratisch-komitialen Prozesses sind freilich nunmehr durch *Kunkel*, Untersuchungen zur Entwicklung des römischen Kriminalverfahrens in vorsullanischer Zeit (1962), ders., RE aaO., Sp. 720 ff., stark in Zweifel gezogen worden.

[23] Anders *Redenti* 38 A. 54, der annimmt, die Einteilung „*causa simplex — causa coniuncta*" gelte nur für § 1, nicht aber für § 2. Dagegen sprechen jedoch eindeutig die Anfangsworte „*nec aliae species erunt*"; vgl. in diesem Sinne *Planck* (o. § 2 A. 2), 127, *Castellari* (o. § 2 A. 2), 213.

[24] So auch *Planck* und *Castellari*, jeweils o. A. 22, aaO. Abweichend denkt *Levy* (o. § 2 A. 2), 197 A. 6 an einen Fall der *causa coniuncta*.

schaft hinzuweisen[25]. Denn wenn im letzten Satz des § 1 auch von *„multis et diversis formulis"* die Rede ist, so handelt dieser Satz doch wie der gesamte § 1 ausschließlich von Prozessen zwischen zwei Personen und kann in § 2 um so weniger herangezogen werden, als die Worte *„nec aliae species erunt"* die folgende Erörterung deutlich auf die Unterscheidung von *causa simplex* und *coniuncta* beschränken[26]. Allein das Beispiel der Erbschaftsstreitigkeiten erweckt Zweifel an dem Hinweis auf die Streitgenossenschaft. Denn dabei hat Quintilian wohl nicht so sehr an die — wie die *rei vindicatio* teilbare — *hereditatis petitio*[27] als vielmehr an die *querela inofficiosi testamenti*[28] gedacht. Für diese Klage bestätigt und erläutert nämlich Ulp. D. 5.2.24 die Darstellung des Quintilian:

> 48 ad Sab.: Circa inofficiosi querellam evenire plerumque adsolet, ut in una atque eadem causa diversae sententiae proferantur. quid enim si fratre agente heredes scripti diversi iuris fuerunt? quod si fuerit, pro parte testatus, pro parte intestatus decessisse videbitur.

Bei der *querela inofficiosi testamenti* komme es häufig vor, so heißt es, daß in einer und derselben Sache voneinander abweichende Entscheidungen ergingen. Wenn die Stellung der Testamentserben zum Erblasser unterschiedlich sei[29], müsse auch die Gültigkeit desselben

---

[25] Vgl. außer *Redenti* 16, 38 auch *Levy* (o. A. 24), aaO., *Kerr Wylie* (o. § 2 A. 9), 141, *Pugliese* 276, *Kaser* III, 151 A. 37 und *Liebs*, Die Klagenkonkurrenz im römischen Recht (1972), 263, der von freiwilliger Prozeßverbindung spricht.

[26] Im Ergebnis ebenso, wenn auch mit anderer Begründung — dazu o. A. 23 — *Redenti* 38 A. 54. Anders *Biondi* (o. A. 2), 210, 244 und Iura 10 (1959), 311. Auch *Bethmann-Hollweg* 467 A. 54 bezieht den letzten Satz des § 1 zugleich auf § 2, hält aber dennoch eine gemeinsame Formel für selbstverständlich: „Warum sollten aber die mehreren Erben nicht mit einer Formula klagen können: *hereditatem nostram esse?*," so 476 A. 92; zur Formel o. § 4 A. 4.

[27] So aber offenbar *Redenti* 16, 38, ohne daß zu erkennen ist, ob er überhaupt an das Verfahren vor dem Centumviralgericht denkt; zur Zuständigkeit insoweit s. nur *Kaser* III, 38 f. und dort A. 23.

[28] Die *querela inofficiosi testamenti* unterscheidet sich vielfach vom regelmäßigen ordentlichen Verfahren. Sie wurde vor den *centumviri* im Legisaktionenverfahren mit einer *sponsio praeiudicialis*, bei kleineren Erbschaften aber wohl im Formularprozeß durchgeführt; s. nur *Kaser* I, 709 ff., III, 39, 175, mit zahlreicher Literatur bei I, 710 A. 1 und III, 175 A. 36, außerdem *Di Lella*, Querela inofficiosi testamenti (1972).

[29] Allerdings ist der direkte Fragesatz *„quid enim, si fratre agente heredes scripti diversi iuris fuerunt?"* wohl formal anstößig. Doch braucht er sich nicht auf die nachklassische Verordnung über die Erbunwürdigkeit ehrloser Personen (Const. C. 3.28.27; dazu *Kaser* II, 366 und dort A. 15) zu beziehen; anders *Faber* (o. A. 19), zur Stelle, *Beseler*, Beiträge zur Kritik der römischen Rechtsquellen, Bd. 3 (1913), 44 f., *Pringsheim*, Festschrift Lenel (1921), 215 A. 4 (= Gesammelte Abhandlungen, 1961, Bd. 1, 398 A. 46), *Marrone* (o. A. 14), 85 f. Ulpian kann ebensogut daran gedacht haben, daß einer der Testamentserben zugleich pflichtteilsberechtigt war und aus die-

Testaments verschieden beurteilt werden. Obschon die Querel eines einzelnen Klägers, wenn er obsiegt, grundsätzlich zur Aufhebung des gesamten Testamentes führt, hat man es also insoweit aufrechterhalten, als die Testamentserben erfolgreich waren[30].

Die *querela inofficiosi testamenti* gegen mehrere Personen um die Gültigkeit eines und desselben Testamentes bot daher Quintilian ein einfaches und vermutlich geläufiges Beispiel für seine These, daß unter mehreren Personen dieselbe Frage streitig sein und gleichwohl eine *causa simplex* wie auch eine *causa coniuncta* vorliegen könne. Zugleich wird deutlich, daß er an eine prozeßverbindende Streitgenossenschaft nicht gedacht zu haben braucht. Wenn die mehreren Querelen auch gemeinsam verhandelt werden konnten[31], so blieben sie doch formell getrennte Verfahren, die von den einzelnen Kammern des Centumviralgerichts unabhängig voneinander entschieden wurden[32].

Endlich enthält auch Julian D. 30.84.13 keinen sicheren Hinweis auf eine prozeßverbindende Streitgenossenschaft:

> 33 dig.: Si is cui legatum fuerat, antequam constitueret, qua actione uti vellet, decessit duobus heredibus relictis, legatum accipere simul venientes, nisi consenserint, non possunt: quare quamdiu alter rem vindicare vult, alter in personam agere non potest. sed si consenserint, rem communiter habebunt: consentire autem vel sua sponte debent vel iudice imminente.

Stirbt ein Vermächtnisnehmer, ohne sich für die dingliche oder die persönliche Legatsklage entschieden zu haben, so können seine beiden Erben bei gemeinsamem Vorgehen nur dann den vermachten Gegenstand erwerben, wenn sie sich freiwillig oder unter dem Druck des Richters auf eine der beiden Klagen einigen.

---

sem Grunde das Testament teilweise aufrechterhalten blieb, vgl. *Sanfilippo*, APal. 17 (1937), 207 f., *Di Lella* (o. A. 28), 199 f. und dort A. 38. Auch *Siber*, Römisches Recht, Bd. 2: Römisches Privatrecht (1928, Nachdruck 1968), 377 und *Marrone* 85 A. 168 f., die den Hinweis „*circa inofficiosi querellam*" deshalb durch „*in centumvirali iudicio*" ersetzen wollen, weil nicht ersichtlich sei, aus welchem Grunde Ulpian im 48. Buch ad Sabinum bei der *acceptilatio* die Querel behandelt habe, tun dies ohne Not; denn „quaerebatur fortasse de servi hereditarii stipulatione, qua hoc casu pro parte heredi testamentario, pro parte legitimo adquiretur", *Lenel*, Pal. II (1889), Sp. 1189 A. 4. Allenfalls mag sich diese Beziehung ursprünglich aus dem Zusammenhang ergeben haben, so *Beseler*, aaO., *Sanfilippo* 207.

[30] Die Regel „*nemo pro parte testatus, pro parte intestatus decedere potest*" gilt also insoweit nicht, vgl. außer Ulp. D. 5.2.24 auch Pap. D. 5.2.15.2, D. 31.76.pr., Gord. C. 3.28.13; *Woess*, Das römische Erbrecht und die Erbanwärter (1911), 247 f., *Siber* (o. A. 29), 377 f., *Kaser* I, 712 und dort A. 29; zu dieser Frage neuerdings ausführlich *Di Lella* (o. A. 28), 181 ff.

[31] Plin. ep. 1.18.3, 6.33.3; *Bethmann-Hollweg* 55 f., 476, *Woess* (o. A. 30), 247, *Kaser* III, 38 A. 17.

[32] Vgl. die o. A. 30 genannten Belege und Literaturnachweise; ferner *Bethmann-Hollweg* 55, 476, *Marrone* (o. A. 14), 85 f., ders., L'effetto normativo della sentenza, 2. Aufl. (1965), 71 ff.

Immerhin läßt dieser Text durchaus die Annahme zu, daß sich der Ratschlag des Juristen auf die Streitgenossenschaft bezog[33]. Doch wird der Überlieferung einerseits die Vertrauenswürdigkeit überwiegend abgesprochen, weil ein Vermächtnisnehmer erst nach einer Verordnung Justinians zwischen der dinglichen und der obligatorischen Klage frei habe wählen können[34] und allenfalls der Prätor — nicht der Richter — die Macht besessen habe, die Wahl der Klage zu beeinflussen[35]. Andererseits mag der Text den Sachverhalt durchaus zuverlässig wiedergeben. So könnte die Wahlmöglichkeit des Legatars auf der Duplizität der Legatsform beruhen[36]. In diesem Zusammenhang mögen die Worte *„iudice imminente"* lediglich darauf hinweisen, daß die Erben des Legatars bei gemeinsamem Vorgehen ebensowenig wie dieser selbst[37] teils die dingliche und teils die obligatorische Klage wählen konnten, wenn sie nicht den Prozeß verlieren wollten. Dennoch braucht der Jurist nicht an die Streitgenossenschaft gedacht zu haben. Die Worte *„quare alter rem vindicare vult, alter in personam agere non potest"* lassen vielmehr erkennen, daß die Erben mit gleichlautenden unabhängigen Klagen ebenfalls erfolgreich gewesen wären[38].

---

[33] Vgl. außer *Redenti* 16, 36 A. 53 auch *Linde*, Zeitschrift für Civilrecht und Prozeß, Bd. 16 (1842), 94 ff., *Planck* (o. A. 23), 120 ff., *Bethmann-Hollweg* 471 und dort A. 71, *Salkowski* in Glück, Pandecten, Bd. 49 (1889), 14 ff., *Castellari* (o. A. 23), 215, alle zur Frage der Notwendigkeit der Streitgenossenschaft; dazu u. S. 87 f.

[34] C. 6.43.1.1. An eine Bearbeitung der Stelle in diesem Sinne glauben *Eisele*, SZ 18 (1897), 5 ff., *Wlassak*, SZ 31 (1910), 224 A. 1, 226, *Levy* (o. A. 24), 28 A. 9, *Rechnitz*, Julian (1925), 67, *Lenel*, EP, 540 A. 5, *Beseler*, SZ 50 (1930), 29, *Guarneri Citati*, St. Bonfante, Bd. 3 (1930), 464 A. 82, *Ciapessoni*, ebendort, 704 ff.

[35] Schon *Cuiacius* (o. § 2 A. 1), Comm. in lib. XXXIII Dig. Salvii Juliani ad h.l. hat *„vel praetore"* ergänzt. Den Schluß ab *„consentire"* verdächtigen daher außer den o. A. 34 angegebenen Autoren auch *Planck* (o. A. 23), 121 A. 19, *Redenti* 36 A. 53, *Masi*, AG 155 (1958), 114 ff., *Talamanca*, St. Betti, Bd. 4 (1962), 204 A. 64.

[36] So — durchaus erwägenswert — *Masi* (o. A. 35), aaO., im Anschluß an *Arndts* in Glück, Pandecten, Bd. 46 (1868), 40 ff. Er liest daher „si is cui legatum fuerat ita: Titio fundum do lego eumque fundum heres meus Titio dato". Ihm folgt *Talamanca* (o. A. 35), aaO. Weniger überzeugend sind die Erklärungen von *Salkowski* (o. A. 33), aaO. und *Stintzing*, Über die mancipatio (1904), 47. Während *Salkowski* an ein Gattungsvermächtnis denkt, das dem Legatar indes ohne weitere Zusätze wohl kaum die Wahl zwischen der dinglichen und der persönlichen Klage gibt, verweist *Stintzing* auf das SC Neronianum. Hiernach soll das Vindikationslegat einer fremden Sache als Damnationslegat wirksam bleiben, s. nur Kaser I, 746. Daher konnte in der Tat eine Wahlmöglichkeit des Legatars bestehen, wenn es zweifelhaft war, ob die *per vindicationem* vermachte Sache Eigentum des Testators gewesen war oder nicht, so *Lenel*, EP, 540 A. 5. Der Text jedoch gesteht dem Legatar, so scheint es, eher die freie Auswahl zu.

[37] Vgl. Pap. D. 31.76.8 und auch hierzu *Masi* (o. A. 35), 116.

[38] Näheres zur Notwendigkeit der Streitgenossenschaft u. S. 87 f.

Obschon für eine prozeßverbindende Streitgenossenschaft mehrerer Miteigentümer nach allem sichere Zeugnisse fehlen, erscheint die Folgerung, sie sei also unzulässig gewesen, nicht gerechtfertigt. Wenn die Streitgenossenschaft mit den Regeln des Formularprozesses überhaupt vereinbar war, kann der Mangel an Belegen, die speziell die *rei vindicatio* betreffen, auch darauf zurückzuführen sein, daß die Klassiker in der gemeinschaftlichen Klage aller Miteigentümer keine besonderen Schwierigkeiten sahen. Zumindest ist *Biondis*[39] Einwand vordergründig, daß eine Formel mit der *intentio* „*si paret rem Titii et Sempronii esse*" und der *condemnatio* „*neque eam rem Titio et Sempronio restituetur*" zu einem unbilligen Ergebnis führe, wenn nur Titius oder Sempronius sein Miteigentum beweisen könne oder wenn der Beklagte lediglich einem von ihnen seinen Anteil restituieren wolle. Denn ein Freispruch des Beklagten, wie er bei strenger Formelauslegung im ersten Beispiel zu erwarten wäre, dürfte nicht anders als bei einer *pluris petitio* eine bewußt in Kauf genommene Folge sein[40], während seine Verurteilung im zweiten Fall wohl immerhin der Regel entspräche, daß er sich auch einem Alleineigentümer gegenüber nicht durch die Restitution eines bloßen Teils befreien könnte[41]. Im übrigen wird der Richter — jedenfalls in späterer Zeit — durch eine freiere Formelauslegung und mit Hilfe des „*quanti ea res erit*" gewiß in der Lage gewesen sein, über jeden Miteigentumsanteil sachlich gesondert zu entscheiden.

Wenn dieses richtig ist, war für alle Miteigentümer die Vereinigung ihrer Teilklagen in einem gemeinsamen Verfahren ohne Nachteile zulässig. Doch gibt es keinen Anhalt, daß die Teilbarkeit der Klage zudem Voraussetzung der Streitgenossenschaft gewesen wäre[42]. In einer Formel, in der die Miteigentümer gemeinsam genannt sind, kommt die Klagberechtigung eines einzelnen im Umfang gar nicht zum Ausdruck.

3. Ähnlich wie das Miteigentum behandeln die Klassiker im Rahmen der *rei vindicatio* auch den Mitbesitz. Sie betonen regelmäßig die Möglichkeit, jeden Mitbesitzer in Höhe seiner Quote zu verklagen[43]. Über die Zulässigkeit prozeßverbindender Streitgenossenschaft aber geben sie keine sichere Auskunft. Dies gilt entgegen *Redenti*[44] auch für Gaius

---

[39] (o. A. 2), 224.
[40] S. in diesem Sinne zur *pluris petitio Wlassak*, Rechtshistorische Abhandlungen, aus seinem Nachlaß herausgegeben und bearbeitet von *Schönbauer* (1965), 35 ff., *Kaser* III, 247.
[41] Auch bei den Obligationen kann der Berechtigte Teilleistungen grundsätzlich zurückweisen, s. nur *Kaser* I, 367.
[42] Vgl. in diesem Sinne — und anders als *Redenti* 17 — auch *Kaser* III, 151.
[43] Vgl. auch hier die o. A. 5 genannten Belege.
[44] 17 ff.

D. 40.12.9, Quintilian inst. or. 3.10.2 und Imp. Julian C. 3.40.1 (CT. 2.5.2) sowie das Paulusfragment D. 6.1.8, das *Bethmann-Hollweg*[45] als Beleg benennt.

Unter ihnen wurde Quintilian inst. or. 3.10.2 bereits erörtert[46]. Aus Gaius D. 40.12.9.pr.[47], das den Grundfall des Fragments 9 enthält, wissen wir, daß der Jurist in diesem Zusammenhang nicht von der prozeßverbindenden Streitgenossenschaft spricht[48]. Kaiser Julian C. 3.40.1 (CT. 2.5.2) meint den Kognitionsprozeß[49]. Auch Paul. D. 6.1.8 erbringt schließlich keinen überzeugenden Beweis:

> 12 ad ed.: Pomponius libro trigensimo sexto probat, si ex aequis partibus fundum mihi tecum communem tu et Lucius Titius possideatis, non ab utrisque quadrantes petere me debere, sed a Titio, qui non sit dominus, totum semissem. aliter atque si certis regionibus possideatis eum fundum: nam tunc sine dubio et a te et a Titio partes fundi petere me debere: quotiens enim certa loca possidebuntur, necessario in his aliquam partem meam esse: et ideo te quoque a Titio quadrantem petere debere. quae distinctio neque in re mobili neque in hereditatis petitione locum habet: nunquam enim pro diviso possideri potest.

Der Kläger ist zur Hälfte Eigentümer eines Grundstückes, das der Eigentümer der anderen Hälfte mit einem Dritten zu gleichen ideellen Teilen besitzt. Anders als bei realer Besitzteilung kann der Kläger das Besitzrecht des anderen Miteigentümers nicht bestreiten. Folglich kann er nicht von jedem Mitbesitzer ein Viertel, sondern nur von dem Dritten die gesamte ideelle Hälfte des Grundstückes vindizieren[50].

---

[45] 468 A. 58.

[46] Oben S. 26 ff.

[47] Oben S. 24 f.

[48] Überdies kann *Redenti* 26 A. 37 die Stelle nur deshalb anführen, weil er annimmt, daß Gaius von einer *vindicatio ex servitute in libertatem* gegen mehrere Personen spreche. Doch weisen die Worte „*quo casu an praesenti soli permissurus sit praetor adversus eum agere*" im Gegensatz zum untechnischen „*consistere*" offenkundig auf die Klagerhebung hin, d. h. in diesem Fall wie bei Ulp. D. 40.12.8.1/2 (dazu o. S. 23 f.) auf die von Miteigentümern angestrengte *vindicatio in servitutem*, *Betti* (o. A. 14), 435 und dort A. 2; vgl. auch *Planck* (o. A. 23), 114, *Marrone* (o. A. 14), 318, *Kaser* III, 152 und dort A. 48.

[49] Kaiser Julian änderte mit dieser Verordnung (a. 362) die Regel Konstantins (CT. 2.5.1), nach der ein Rechtsstreit gegen einen Miteigentümer nicht auch gegen die übrigen wirke; s. aber wieder Valent. et Val. CT. 2.12.2 = C. 3.40.2 (a. 364). Vgl. nur *Marrone* (o. A. 14), 492 f., *Kaser* II, 195 und dort A. 55, *Kaser* III, 504 und dort A. 18, und zu C. 3.40.1 die grundlegende Kritik bei *Planck* (o. A. 23), 138 ff.

[50] Daß Paulus statt „*non ab utrisque quadrantes petere me debere, sed a Titio, qui non sit dominus, totum semissem*": „*ab utroque semissem petere me debere*" geschrieben habe, ist von *Beseler*, SZ 45 (1925), 460 weder hinreichend begründet worden noch wahrscheinlich, vgl. *Wieacker*, SZ 69 (1952), 338 A. 99. Der zweite Teil der Stelle, von dem *Beseler*, Beiträge (o. A. 29), Bd. 3, 85 und *Pringsheim* (o. A. 29), 224 (= Gesammelte Abhandlungen, Bd. 1, 1961, 405), den Schluß ab „*quae distinctio*" tilgen wollen, soll hier nicht näher untersucht werden.

Es ist nicht mehr als eine Vermutung, wenn *Bethmann-Hollweg* hieraus folgert, ein Alleineigentümer habe entweder von jedem Mitbesitzer eine ideelle Hälfte oder aber von beiden gemeinsam das gesamte Grundstück herausverlangen können. Die Vermutung trifft indessen wohl zu. Wenn die gemeinsame Klage mehrerer Miteigentümer mit den Regeln des Formularprozesses vereinbar war, wird man auch mehrere Mitbesitzer gemeinsam belangt haben können[51].

4. Im Ergebnis ist festzuhalten, daß die *rei vindicatio* von jedem Miteigentümer gegen jeden Mitbesitzer anteilig erhoben werden konnte. Dabei ist auch die Verbindung mehrerer Klagen in einem einheitlichen Verfahren, sofern dies überhaupt mit dem Formularprozeß vereinbar war, zulässig gewesen, da die *rei vindicatio* in dieser Hinsicht keine besonderen Schwierigkeiten aufwies. Ein Zusammenhang mit der Frage der Teilbarkeit der Klage ist dagegen nicht zu erkennen.

§ 6. Die Streitgenossenschaft bei der vindicatio servitutis

1. Ähnlich wie die *rei vindicatio* das Eigentum schützt, dient die *vindicatio servitutis* dem Schutz der Servituten. Mit ihr erstrebt der Eigentümer des herrschenden Grundstücks die Feststellung der Servitut und die Herstellung des Zustandes, der bestehen würde, wenn ihm die Ausübung zur Zeit der *litis contestatio* gewährt worden wäre[1]. Fraglos konnte diese Arbiträrklage auch von einem bloßen Mitberechtigten angestrengt und gegen einen Miteigentümer des dienenden Grundstücks erhoben werden, obwohl die Restitution unteilbar ist und deshalb notwendig gegenüber allen Beteiligten wirkt[2]. Umstritten ist hingegen, ob die auf der einen oder anderen Seite beteiligten Personen ebensogut gemeinschaftlich klagen oder belangt werden konnten. Außer *Biondi*[3] und *Ein*[4], die die Zulässigkeit der Streitgenossenschaft

---

[51] Vgl. *Kaser* III, 151. Die Ausführungen zur Formel im Falle mehrerer Kläger (o. S. 23) müssen hier entsprechend gelten: liegen die Verurteilungsvoraussetzungen nur bei einem der Beklagten vor, so geböte eine strenge Formelauslegung Klagabweisung; will nur einer von mehreren Mitbesitzern seinen Anteil restituieren, müßten genaugenommen wohl dennoch alle gemeinsam verurteilt werden. Indessen war — jedenfalls in späterer Zeit — die Formel vermutlich so elastisch, daß der Richter mit Hilfe des „quanti ea res erit" diesen besonderen Umständen Rechnung tragen konnte.

[1] Vgl. nur *Kaser* I, 446 f.

[2] Vgl. Ulp. D. 8.5.4.3, § 4 eodem: „*quisquis defendit, solidum debet restituere, quia divisionem haec res non recipit*"; zu diesen Stellen s. sogleich im Text. Zur Formel vgl. *Lenel*, EP, 191 ff., doch ist gegen ihn mit *Segrè*, Bull. 41 (1933), 17 ff., eine Restitutionsklausel sehr wahrscheinlich, *Kaser* I, 438 A. 61, *Kaser* III, 257 A. 5.

[3] APal. 12 (1929), 221 ff.

[4] Bull. 39.1 (1931), 73 ff., 139.

3 Meffert

prinzipiell verneinen, halten hier auch *Redenti*[5] und *Pugliese*[6] ein gemeinsames Vorgehen für unzulässig, weil es nicht belegt und wegen der Unteilbarkeit der Klage überdies nicht vorstellbar sei[7]. *Arangio-Ruiz*[8] und *Wenger*[9] finden zwar keinen Beweis für eine gemeinsame Klage, sehen wie *Bethmann-Hollweg*[10] aber auch kein Hindernis. Dieser betrachtet die Streitgenossenschaft als natürlichen Weg, den man nicht habe zu erwähnen brauchen, während *Kaser*[11] hervorhebt, daß sie jedenfalls nicht erzwungen worden sei. Nach *Faber*[12], *Glück*[13] und *Seeler*[14] sollen die Miteigentümer bei der *servitus oneris ferendi* sogar notwendige Streitgenossen gewesen sein[15].

Tatsächlich gibt es für eine *vindicatio servitutis* mit mehreren Beteiligten keinen sicheren Beleg. Doch stehen auch weder die Quellen noch die Regeln des Formularprozesses der Streitgenossenschaft entgegen.

2. Die Berechtigung mehrerer Personen erörtert Ulp. D. 8.5.4.3:

17 ad ed.: Si fundus, cui iter debetur, plurium sit, unicuique in solidum competit actio, et ita et Pomponius libro quadragensimo primo scribit: sed in aestimationem id quod interest veniet, scilicet quod eius interest, qui experietur. itaque de iure quidem ipso singuli experientur et victoria et aliis proderit, aestimatio autem ad quod eius interest revocabitur, quamvis per unum adquiri servitus non possit.

Jeder von mehreren Eigentümern eines Grundstücks, dem eine Servitut an einem anderen Grundstück zusteht, kann hiernach die *vindicatio servitutis* erheben, ohne sie auf seine Quote zu beschränken[16], so daß sein Sieg auch den übrigen nützt. Dagegen ist in der *aestimatio* lediglich das Interesse des Klägers zu berücksichtigen, obwohl eine Servitut nicht von einem einzelnen Miteigentümer erworben werden kann.

Anders, als es zunächst scheinen mag, braucht die beschriebene Klagmöglichkeit indessen nicht die einzige gewesen zu sein. Offenbar behan-

---

[5] 43 ff.
[6] 276 f.
[7] S. auch o. S. 13 f.
[8] Bull. 21 (1909), 242 ff.
[9] 80.
[10] 469 f.
[11] *Kaser* III, 151 f.
[12] (o. § 3 A. 17) zu D. 8.5.6.4.
[13] Pandecten, Bd. 10 (1808), 27.
[14] Die Lehre vom Miteigentum nach römischem Recht (1896), 121 A. 1.
[15] Hierzu — bei Pap. D. 8.5.6.4 — u. 40 ff.
[16] Vgl. zur Übersetzung *Ehrhardt*, Litis aestimatio im römischen Formularprozeß (1934), 75 f.

delt Ulpian nur die im klassischen Recht umstrittene Frage, ob die Klage eines einzelnen auf das Ganze oder lediglich auf die Quote gehen und ob im ersten Fall das Geldurteil das gesamte oder nur das Teilinteresse erfassen solle. Die Beantwortung dieser Frage setzt eine Stellungnahme zur Zulässigkeit der Streitgenossenschaft nicht voraus.

Daß unter den Klassikern um den Umfang der Klage und das Maß des Geldurteils Streit bestanden habe, wird in der Literatur allerdings überwiegend bezweifelt. Insbesondere *Guarneri Citati*[17] versucht bereits anhand der äußeren Gestalt des Textes die Ansicht zu belegen, daß die Beschränkung des Geldurteils auf das Eigeninteresse des Klägers eine nachklassische Neuerung sei[18]. Dahinter steht die Überlegung, daß eine *vindicatio servitutis in solidum* die Klagen der übrigen Mitberechtigten konsumiere, so daß diese nichts bekämen, wenn der Kläger nur sein eigenes Interesse erhielte[19]. In der Tat stehen die Worte „*victoria et aliis proderit*" in der von „*scilicet*" an wenig vertrauenswürdigen, vereinfachenden Wiederholung des Anfangs[20]. Andererseits läßt der Umstand, daß eine Servitut unteilbar dem Grundstück zusteht[21] und daher der Kläger bei der üblichen objektbezogenen Interessenberechnung[22] mehr erhielte als sein persönliches Interesse[23], einen Streit

---

[17] Studi sulle obbligazioni indivisibili nel diritto romano (1921), 56 ff. Er beruft sich außer auf formale Anstände — insbesondere zum zweiten Teil der Stelle ab „*scilicet quod eius interest*" — vornehmlich auf einen Vergleich des Textes mit Paul. D. 10.2.25.9. Diese Stelle gehört jedoch zur *actio ex stipulatu* und hat deshalb keinen unmittelbaren Beweiswert, *Kaser*, Quanti ea res est (1935), 23 A. 9; außerdem ist ihre Klassizität nicht minder umstritten, s. u. S. 56 ff. Auch aus den Worten „*sed et si duorum fundus sit qui servit, adversus unumquemque poterit ita agi*", mit denen Ulp. D. 8.5.4.4 beginnt, ist nicht sicher zu entnehmen, daß der Jurist wie dort auch hier im voranstehenden § 3 von einer *condemnatio in solidum* gesprochen haben müsse, so aber *Guarneri Citati* 58. Denn genaugenommen bezieht sich dieser Satz nur auf die Klage. Will man ihn dennoch auf die *condemnatio* mitbeziehen, so kann man ebensogut umgekehrt von der Teilung der *condemnatio* in § 3 auch in § 4 auf eine *condemnatio pro parte* schließen. Zu § 4 eodem s. im übrigen u. S. 40.

[18] Vgl. zur Interpolation der Stelle ab „*sed in aestimationem*" außer *Guarneri Citati* (o. A. 17), aaO., auch *Levy*, Die Konkurrenz der Aktionen und Personen im klassischen römischen Recht, Bd. 2, 1. Hälfte (1922), 239 A. 6, *Betti* (o. § 5 A. 14), 20 A. 1, 257 ff., *Segrè* (o. § 5 A. 5), 136 ff., *Ehrhardt* (o. A. 16), 75 ff., *Solazzi*, La tutela e il possesso delle servitù prediali (1949), 12 — Interpolation oder Glosse —, *Marrone*, APal. 24 (1955), 235 f., *Grosso*, Le servitù prediali nel diritto romano (1969), 283 f.; weitere Nachweise im Index.

[19] So insbesondere *Guarneri Citati*, *Segrè* und *Marrone*, jeweils o. A. 18, aaO.

[20] Vgl. außer den o. A. 18 genannten Autoren zur Interpolation des Textes ab „*itaque*" auch *Krüger*, Digesta ad h. l., *Eisele*, SZ 30 (1909), 120, *Beseler*, SZ 46 (1926), 92, *Ein* (o. A. 4), 151.

[21] „*quia usus eorum indivisus est*", Pomp. D. 8.1.17.

[22] Vgl. nur *Kaser* I, 499 f., *Medicus*, Id quod interest (1962), 245 ff., 250.

um die Lösung durchaus möglich erscheinen. Die ausdrückliche Berufung des Ulpian auf Pomponius macht eine Kontroverse darüber hinaus wahrscheinlich[24]. Vermutlich hat man auf der einen Seite die unteilbare Restitution als Maß für Klage und Urteil betrachtet, so daß in der *aestimatio* das Interesse der übrigen Gläubiger mitberechnet wurde[25] und jede weitere Klage konsumiert war. Anders könnten Juristen in älterer und formstrengerer Zeit in der Solidarklage eines einzelnen Mitberechtigten eine Art *pluris petitio* gesehen und deshalb trotz der Unteilbarkeit der Restitution eine Beschränkung der Klage auf die Quote gefordert haben[26]. Eine befriedigende Lösung bot erst die von Pomponius und Ulpian überlieferte Ansicht. Dabei wird man weder an eine *replicatio rei iudicatae secundum socium* der weiteren Mitberechtigten gegen die *exceptio rei iudicatae* des Beklagten denken können, wenn der erste Kläger siegreich war[27], noch — für den Fall seiner Niederlage — eine *in integrum restitutio* konstruieren dürfen[28]. Eher sind die beiden Juristen der Hoch- und Spätklassik in freier Auslegung der Formel zu der Überzeugung gelangt, daß die *intentio* „*si paret Aulo Agerio ius esse per fundum illum ire agere*" die Berechtigung weiterer Personen neben dem Kläger nicht notwendig ausschloß[29], so daß diesen auch ohne ausdrückliche Beschränkung der ersten Klage die Befugnis erhalten blieb, ihr Interesse geltend zu machen[30].

---

[23] In diesem Zusammenhang ist es ohne Bedeutung, ob man das Eigeninteresse des Klägers nach Quoten oder, was *Redenti* 43 ff., 47 und *Ein* (o. A. 4), 148 ff. besonders betonen, individuell berechnet hat. Nur *Biondi*, Le servitù prediali nel diritto romano (1954), 346, leugnet, daß hier zwischen objektiver und subjektiver Interessenberechnung überhaupt ein Unterschied bestehe, weil jeder einzelne als Berechtigter der gesamten Servitut auftrete und daher der Gesamtwert der Servitut auch sein Eigeninteresse bestimme: „La aestimatio secondo l'interesse dell'attore significa non condanna parziale, ma condanna per l'intero, considerando l'interesse dell'attore, non come singolo ma come titolare intero della servitù". Doch weist das „*sed*" deutlich darauf hin, daß die *condemnatio* anders als die Klage nicht auf das Ganze gehen sollte, so gegen *Biondi* auch *Marrone* (o. A. 18), 235 A. 319.

[24] *Kaser*, Quanti (o. A. 17), 25, *Kaser* III, 151, A. 41.

[25] Der Gedanke des Haftungsinteresses war den Klassikern nicht fremd, vgl. *Kaser*, Quanti (o. A. 17), 16 und dort A. 1, 25, ders., Festgabe v. Lübtow (1970), 491 f., *Kaser* I, 473 A. 39 (zur *actio serviana*), 491 A. 33 (zum sog. unechten Vertrag zugunsten Dritter), 501 A. 19 (zum sog. Drittschaden).

[26] *Kaser*, Quanti (o. A. 17), 25 ff.

[27] So *Redenti* 43 A. 61, *Ein* (o. A. 4), 151.

[28] So *Bethmann-Hollweg* 469 mit Bezug auf Marcian D. 8.5.19; dazu aber u. S. 37 f. *Redenti* und *Ein*, jeweils o. A. 27, aaO., sehen in diesem Fall offenbar kein Mittel, um die einmal eingetretene Konsumption zu überwinden.

[29] Vgl. *Segrè* (o. A. 18), 135 f., der aber gleichwohl schon der ersten Klage konsumierende Wirkung beimißt, aaO., 138. Zur Formel s. o. A. 2.

[30] Ebenso *Arangio-Ruiz* (o. A. 8), 242, A. 1, *Beseler* (o. A. 20), 92, *Kaser*, Festschrift Koschaker I (1939), 453 und dort A. 58 im Hinblick auf die Mitberechtigung bei der alten Erbengemeinschaft, bei der jeder Gemeinschafter

§ 6. vindicatio servitutis

Leider fehlt es im Bereich der *vindicatio servitutis* an weiteren Belegen für diese These. Marcian D. 8.5.19, die einzige Stelle, die außer Ulp. D. 8.5.4.3 in diesem Sinne ausgelegt werden könnte, ist insoweit wohl verfälscht:

> 5 regul.: Si de communi servitute quis bene quidem deberi intendit, sed aliquo modo litem perdidit culpa sua, non est aequum hoc ceteris damno esse: sed si per collusionem cessit lite adversario, ceteris dandam esse actionem de dolo Celsus scripsit, idque ait Sabino placuisse.

Hiernach hat es Marcian für unbillig gehalten, allen Servitutsberechtigten den Umstand zuzurechnen, daß ein einzelner von ihnen im Prozeß um die Servitut[31] aus Nachlässigkeit eine Niederlage erleidet. Sollte aber der Verlust auf eine Kollusion mit dem Gegner zurückzuführen sein, hätten Celsus und Sabinus, so berichtet Marcian, den übrigen Berechtigten die *actio de dolo* gewährt.

Weshalb Marcian bereits dem Prozeßverlust aus bloßer Nachlässigkeit des Klägers jede Wirkung auf die übrigen Berechtigten abspricht, ist schwerlich zu verstehen, wenn Celsus und Sabinus, deren Ansicht er offenbar zustimmend referiert, ihnen erst bei einer Kollusion die *actio de dolo* gewähren[32]. Diese Klage ist subsidiär und setzt daher

---

über das Ganze verfügen konnte; vgl. von den älteren auch *Binder*, Die Korrealobligationen im römischen und im heutigen Recht (1899), 454 f. und dort A. 24 a. Dabei wird man dem ersten Urteil wenn nicht de iure, so doch faktisch eine präjudizielle Bindungswirkung für die weiteren, noch ausstehenden Verfahren beigelegt haben, vgl. *Kaser* III, 294, 504 A. 16 gegen *Marrone* (o. A. 18), 235 f., ders., L'effetto normativo della sentenza, 2. Aufl. (1965), 179 ff., 181, der gerade diesen Gedanken hier in Verbindung mit der Teilung der *condemnatio* für interpoliert hält. Aber auch *Arangio-Ruiz*, aaO., denkt bei den Worten „*victoria et aliis proderit*" lediglich an den Vorteil, den die übrigen Mitberechtigten durch die Restitution der Servitut erhalten. Nach seiner — wie unserer — Darstellung war freilich die Naturalrestitution von dem Beklagten, wenn man von den weiterhin drohenden Klagen der übrigen Gemeinschafter absieht, wohl allenfalls unter dem Druck der überhöhten Geldschätzung im *iusiurandum in litem* zu erreichen.

[31] Ob hier allerdings die *vindicatio servitutis* gemeint ist, wie es *Marrone* (o. A. 18), 233 A. 312 im Hinblick auf die Wendung „*cessit lite*" erwägt, kann zweifelhaft sein. Die Worte „*bene quidem deberi intendit*" lassen eher an eine *actio ex stipulatu* denken, vgl. *Solazzi* (o. A. 18), 13 f. und — ohne Bezug auf die Stelle selbst — ders., Iura 5 (1954), 126 ff. Nun mag die Stelle durchaus verändert sein. Wenn *Beseler* (o. A. 20), 92 aber gerade diese Worte tilgt und „*si quis, cum de communi servitute iudicio ageret*" liest, so tut er dies jedenfalls ohne Begründung; vgl. im übrigen u. A. 34.

[32] Anders leugnen nicht nur ältere Autoren wie *Bethmann-Hollweg* 469 und dort A. 61, *Burckhard* in Glück, Pandecten, Bch. 39.3 (1881), 521 ff. und *Seeler* (o. A. 14), 128 hier einen Widerspruch. Auch *Segrè* (o. A. 17), 136 A. 1 und *Biondi* (o. A. 23), 345 nehmen an, daß der Streit in jedem Fall für alle Beteiligten entschieden werde. Marcian interessiere lediglich das prozessuale Mittel, mit dem die übrigen Berechtigten ihren Schaden geltend machen könnten. Wenn der Kläger den Streit durch Kollusion verloren habe, sollten sie mit der *actio de dolo* vorgehen. Dagegen stehe ihnen die *actio communi dividundo* zur Verfügung, wenn er nur nachlässig gehandelt

den Ausschluß weiterer Servitutsklagen voraus. Immerhin mag es möglich sein, daß Marcian grundsätzlich wie die beiden anderen Juristen bereits der Klage eines einzelnen Miteigentümers konsumierende Wirkung beigelegt hat, daß er aber über den Fall der Kollusion hinaus tatsächlich eine Ausnahme zuließ, wenn der Kläger durch eine nachlässige Prozeßführung die anderen geschädigt hat. Wahrscheinlicher ist es indes, daß die Entscheidung Marcians erst in späterer — vielleicht schon in vorjustinianischer[33] — Zeit aus Billigkeitsgründen in ihr Gegenteil verkehrt worden ist[34]. Ursprünglich wird der Jurist den Prozeßverlust aus Nachlässigkeit des Klägers auch den übrigen Berechtigten zugerechnet haben, weil jede weitere Klage eine solche *de eadem re* gewesen wäre[35]. Vermutlich hätte er dann in dem von Ulpian und Pomponius behandelten Fall, in dem der Kläger siegreich war, in der *aestimatio* auch das Interesse aller Beteiligten berücksichtigt.

habe, während *Bethmann-Hollweg*, aaO. in diesem Fall offenbar an die *in integrum restitutio* denkt. Hätte Marcian aber tatsächlich nur die unterschiedlichen prozessualen Wege herausstellen wollen, so hätte er wohl nicht nur den einen genannt und ebensowenig die Worte „*non est aequum hoc ceteris damno esse*" verwendet, die ohne nähere Erläuterung jede Urteilswirkung über die Prozeßparteien hinaus zu negieren scheinen, *Solazzi* 13, *Marrone* 234 und dort A. 315, *Grosso* 283 f., jeweils o. A. 18. Doch mag der Text auch das Ergebnis bloßer nachklassischer Verkürzung sein.

[33] Vgl. *Kaser*, Iura 7 (1956), 220. In nachklassischer Zeit hatte ein Rechtsstreit gegen einen Gemeinschafter keine Wirkung gegen die übrigen, Const. CT. 2.5.1, anders Julian CT. 2.5.2 = C. 3.40.1 (a. 362), s. aber wieder Valent. et Val. CT. 2.12.2 = C. 3.40.2 (a. 364); vgl. o. § 5 A. 49. Dabei könnte sich CT. 2.12.2 gerade auf die Servitut bezogen haben, *Pugliese*, St. Biondi II (1965), 162 A. 49.

[34] Vgl. *Redenti* 43 A. 61, *Arangio-Ruiz* (o. A. 8), 242 A. 1, *Guarneri Citati* (o. A. 17), 63 f., *Betti* (o. A. 18), 260, *Ein* (o. A. 4), 141, *Marrone* (o. A. 18), 233, die mit Rücksicht auf das dem zweiten Fall vorangestellte „*sed*" die Worte „*non est aequum*" tilgen; ferner *Grosso* (o. A. 18), 283 f. Darüber hinaus spricht *Solazzi* (o. A. 18), 13 f. der Stelle jegliches Vertrauen ab, wagt jedoch keine eigene Rekonstruktion. *Beseler* (o. A. 20), 92 liest dagegen: „*Si quis, cum de communi iudicio, ageret, litem perdidit, non est hoc ceteris damno. si, cum ius servitutis iudicio defenderet, contra eum pronuntiatum est, perempto ipsius iure tota servitus extincta est: sed* ..."; wenn ein Miteigentümer als Kläger den Prozeß verliere, solle das Urteil die anderen Gemeinschafter nicht binden, unterliege er dagegen als Beklagter, wirke die *pronuntiatio* auch gegen sie. Insofern ist die Qualität der *pronuntiatio* aber wohl überbewertet, *Marrone* 233 A. 313; s. auch *Kaser* III, 259, 292 f. Ob Marcian im übrigen dem ersten Urteil Ausschlußwirkung beigemessen oder lediglich präjudizierende, zumindest faktische Autorität beigelegt hat, ist in diesem Zusammenhang ohne Bedeutung; dazu unten A. 35.

[35] Vgl. *Redenti* 43 A. 61, *Guarneri Citati* (o. A. 17), 63 f., *Segrè* (o. A. 18), 138, *Marrone* (o. A. 18), 233 f. Allerdings braucht die Entscheidung, daß ein nachlässig geführter und darum verlorener Prozeß den übrigen Berechtigten nicht schade, nicht notwendig auf der Erwägung zu beruhen, daß jede weitere Klage eine solche *de eadem re* und deshalb von vornherein ausgeschlossen wäre. Zwar macht die Berufung des Marcian auf die älteren Juristen Celsus und Sabinus diese Lösung immerhin wahrscheinlich. Doch

§ 6. vindicatio servitutis

Immerhin zeigt ein vorausschauender Blick auf die Rechtslage bei der *actio aquae pluviae arcendae*[36] und den Klagen aus Verbindlichkeiten zu unteilbarer Leistung[37], daß Ulpian D. 8.5.4.3 keine singuläre Regelung enthält. Wenn es deshalb zutrifft, daß man darum stritt, ob die Klage eines einzelnen auf das Ganze oder nur auf die Quote gehen und ob im ersten Fall in der *aestimatio* das gesamte oder nur das Teilinteresse berechnet werden sollte, liegt es auch nahe, daß sich die Bedeutung der Stelle in der Stellungnahme zu dieser Kontroverse erschöpft. Dementsprechend enthält sie keinen Hinweis, inwiefern die Zulässigkeit der Streitgenossenschaft davon abhängen sollte, welchen Standpunkt man in der Kontroverse bezog. Sicher ist nur, daß man die gemeinsame Geltendmachung nicht erzwang, obschon es möglich gewesen wäre, auf diesem Weg die Probleme zu vermeiden, die sich bei der Klage eines einzelnen aus der Unteilbarkeit der Restitution ergaben. Auch deshalb braucht die Streitgenossenschaft freilich nicht unzulässig gewesen zu sein. Verständlicherweise hat man einen derart schwerwiegenden Eingriff in die Herrschaft der Parteien über das Prozeßgeschehen[38] solange gescheut, als es einen anderen Ausweg gab[39]. Zudem würde es sachlich der Grundstücksbindung einer Servitut durchaus entsprechen, wenn die Formel alle Miteigentümer des herrschenden Grundstücks nebeneinander als Mitberechtigte enthielte. Daher besteht kein Grund, über die Zulässigkeit der aktiven Streitgenossenschaft bei der *vindicatio servitutis* anders zu entscheiden als etwa bei der *rei vindicatio*, sofern man einstweilen die Frage noch zurückstellt, inwieweit die Regeln der Konsumption der Prozeßverbindung entgegenstehen könnten[40].

3. Ähnlich wie die Mitberechtigung behandeln die Klassiker auch die Mitbelastung mehrerer Personen als Miteigentümer des dienenden

---

könnte Marcian dem Urteil auch lediglich rechtliche oder faktische Autorität beigemessen haben, zumal die Worte „*hoc ceteris damno esse*" dem bei Ulp. D. 8.5.4.3 überlieferten Ausdruck „*victoria et aliis proderit*" korrespondieren; dazu o. A. 30. In diesem Sinne sprechen auch *Betti* (o. A. 18), 260 f., *Biondi* (o. A. 23), 344 f., *Mayer-Maly*, SZ 71 (1954), 268 f. wohl von Rechtskrafterstreckung o. ä.; vgl. von den älteren dazu *Burckhard* (o. A. 32) und *Binder* (o. A. 30), jeweils aaO. Unter dieser Voraussetzung könnte Marcian bei einem Sieg des Klägers tatsächlich ebenso entschieden haben wie Ulpian.

[36] Unten S. 45 ff.
[37] Unten S. 56 ff.
[38] Vgl. nur *Kaser* III, 8.
[39] Auch bei der *servitus oneris ferendi* brauchen die Miteigentümer des gestützten Gebäudes jedenfalls nicht gemeinsam zu klagen, Ulp. D. 8.5.6.4; dazu u. S. 40 ff. Daher wären die Juristen von einer Stellungnahme in der erörterten Kontroverse selbst dann nicht entbunden, wenn das gemeinsame Vorgehen aller Gläubiger als der natürliche Weg — so *Bethmann-Hollweg* 469 f. — allgemein üblich gewesen wäre.
[40] Dazu u. S. 65 f.

Grundstücks. Sie erörtern lediglich den Umfang der Klage gegen einen einzelnen Beteiligten und das Maß des Geldurteils, ohne daß ihre Entscheidung zugleich ein Urteil über die Zulässigkeit der Streitgenossenschaft enthielte. Dies zeigen die Ulpianstellen D. 8.5.4.4 und D. 8.5.6.4.

In D. 8.5.4.4 setzt Ulpian die in § 3 eod.[41] begonnene Erörterung fort:
> § 4: Sed et si duorum fundus sit qui servit, adversus unumquemque poterit ita agi et, ut Pomponius libro eodem scribit, quisquis defendit, solidum debet restituere, quia divisionem haec res non recipit.

Ebenso wie jeder Miteigentümer des herrschenden Grundstücks zur Klage befugt sei, könne man auch jeden Miteigentümer des dienenden Grundstücks aus der Servitut in Anspruch nehmen und von ihm die gesamte Restitution verlangen, weil dieser Vorgang unteilbar sei. Dasselbe meine auch Pomponius.

Nicht anders als in § 3 interessiert Ulpian auch hier lediglich das Maß von Klage und Geldurteil. Er selbst hat offenbar angenommen, daß die Klage u n d das Urteil auf das Ganze gingen, weil das Interesse des Klägers in diesem Fall dem objektiven Wert der Restitution entsprach[42]. Seine Berufung auf Pomponius und der Zusammenhang mit § 3 machen es indes wahrscheinlich, daß diese Lösung hier wie dort nicht unumstritten war. Freilich ist nicht mehr erkennbar, ob man in der Belangung eines einzelnen Miteigentümers etwa eine Art *pluris petitio* sah und deshalb trotz der Unteilbarkeit der Restitution eine Beschränkung der Klage gefordert hat, ob man die Pflicht eines einzelnen zur Gesamtrestitution bestritt oder lediglich die *condemnatio* auf die Quote beschränkt hat[43]. Doch ist zumindest bemerkenswert, daß Ulpian für die *servitus oneris ferendi* von einer abweichenden Entscheidung Papinians berichtet:
> Ulp. D. 8.5.6.4 17 ad ed.: Si aedes plurium dominorum sint, an in solidum agatur, Papinianus libro tertio quaestionum tractat: et ait singulos dominos in solidum agere, sicuti de ceteris servitutibus excepto usu fructu. sed non idem respondendum inquit, si communes aedes essent, quae onera vicini sustinerent.

---

[41] Oben S. 34 ff.
[42] Der Wortlaut ist freilich nicht eindeutig, so schon *Binder* (o. A. 30), 76 A. 8.
[43] Vgl. — zu Ulp. D. 8.5.4.3 — *Kaser*, Quanti (o. A. 17), 25 f. und o. S. 36. Dagegen wird die Entscheidung hier — von formalen Bedenken abgesehen; dazu *Guarneri Citati* (o. A. 17), 58 A. 3, *Marrone*, (o. A. 18), 237 A. 322 — allgemein gebilligt und als unstreitig dargestellt; vgl. *Redenti* 44 f., *Betti* (o. A. 18), 258 A. 1, 262, *Wenger* 80 und dort A. 12, *Ein* (o. A. 4), 142, *Segrè* (o. A. 18), 137 f., *Ehrhardt* (o. A. 16), 85, *Kaser*, Quanti (o. A. 17), 23 und dort A. 9, *Biondi* (o. A. 23), 347. Aus welchem Grunde allerdings *Marrone* 236 f. diese Stelle trotz ihres Zusammenhangs mit Ulp. D. 8.5.4.3 zur *actio negatoria* zählt, ist nicht erkennbar; anders wohl auch ders., L'effetto normativo della sentenza (o. A. 30), 181 f.

§ 6. vindicatio servitutis

Ulpian zufolge hat Papinian die Auffassung vertreten, daß jeder Miteigentümer eines Gebäudes, zu dessen Gunsten an einem anderen Gebäude eine *servitus oneris ferendi* bestehe, aus dieser Servitut — wie auch aus allen übrigen Servituten mit Ausnahme des *usus fructus* — auf das Ganze klagen könne. Anders aber müsse man entscheiden, so heißt es, wenn das stützende Nachbarhaus im gemeinschaftlichen Eigentum mehrerer Personen stehe.

Wie diese andere Entscheidung Papinians denn ausgefallen sei, ist in der Literatur allerdings umstritten. Dabei denkt man im Gegensatz zu der Feststellung *„singulos dominos in solidum agere"* teils an eine gemeinschaftliche Belangung[44], teils im Hinblick auf die Anfangsfrage *„an in solidum agatur"* an eine Teilung der Klage[45], endlich auch gegenüber den unmittelbar vorhergehenden Worten *„excepto usu fructu"* an eine Klage auf das Ganze[46].

Unter diesen Lösungen ist die letzte sprachlich am wenigsten wahrscheinlich und zudem von den Bedenken abhängig, denen der Einschub *„sicuti de ceteris servitutibus excepto usu fructu"* wohl zu Recht unterliegt[47]. Auch die Forderung nach gemeinschaftlicher Belangung aller Miteigentümer, die bereits *Faber*[48] erhoben hat und die immerhin die Zulässigkeit der Streitgenossenschaft positiv belegen würde, ist schwer-

---

[44] Vgl. *Faber* (o. A. 12), aaO., *Glück* (o. A. 13), 27 und dort A. 60, *Seeler* (o. A. 14), 121 A. 1. Unklar ist hingegen die Äußerung *Biondis* (o. A. 23), 347: „Circa la legittimazione passiva, il testo dice che non si potrà agire contro il singulo condomino, il che significa che bisogna convenire in giudizio tutti". Denn der Jurist hält eine förmliche Prozeßverbindung im Formularprozeß für prinzipiell unzulässig, vgl. o. S. 14, APal. 12 (1929), 221 ff. und wohl auch noch Iura 10 (1959), 311. Deshalb wird er hier weniger an die prozeßverbindende Streitgenossenschaft als an eine formlose Prozeßhäufung vor demselben Richter gedacht haben; dazu u. S. 96 ff.

[45] So die herrschende Meinung; vgl. schon *Cuiacius* (o. § 2 A. 1), Bd. 4, Comm. in lib. III quaest. Pap. ad h.l., ferner *Ubbelohde*, Die Lehre von den untheilbaren Aktionen (1862), 199 A. 10, *Bethmann-Hollweg* 469 und dort A. 60, *Scialoja*, AG 27 (1881), 145 ff. = Studi giuridici I (1933), 84 ff., 92, *Redenti* 33 A. 50, *Segrè* (o. A. 2), 139, *Kaser*, Quanti (o. A. 17), 23 A. 9; zögernd wohl auch *Ein* (o. A. 4), 146 f.

[46] Vgl. *Accursius* (o. § 2 A. 1) gl. inquit: „quod supra dictum est in usufructu, si communes aedes, idem tamen quod in ceteris servitutibus" und gl. excepto usufructu: „qui est dividuus, ideoque pro partibus petitur: sed aliae servitutes sunt individuae" ad h.l.

[47] Erst Justinian hat — vielleicht nach vereinzelten klassischen Vorläufern — im Anschluß an die östliche Schuldoktrin im Begriff der Servitut auch die Nutzungsrechte zugunsten bestimmter Personen, insbesondere den *usus fructus* miterfaßt, *Kaser* I, 449, II, 216. Vgl. zur Interpolation der Stelle insoweit, zumindest aber der Worte „excepto usu fructu": *Longo*, Bull. 11 (1898), 301 f., *Pampaloni*, Bull. 22 (1910), 120 A. 1, *Krüger*, Digesta ad h.l., *Ein* (o. A. 4), 144, *Biondi* (o. A. 23), 347, *Bund*, SZ 73 (1957), 196 ff.

[48] Vgl. o. A. 44, aaO.

lich mit dem überlieferten Text vereinbar[49]. Nach Darstellung Ulpians behandelt Papinian zunächst die Frage, ob die Klage auf das Ganze gehe, wenn das gestützte Gebäude mehreren Personen gemeinschaftlich gehöre. Deshalb wird das Gewicht seiner Antwort „*singulos dominos in solidum agere*" auf den Worten „*in solidum agere*" liegen, während er mit „*singulos dominos*" lediglich die weiteren und von ihm fraglos vorausgesetzten Umstände der Klage umschreibt. In diesem Zusammenhang kann die Entscheidung, daß etwas anderes gelte, wenn das tragende Gebäude im Eigentum mehrerer Personen stehe, wohl nur dahin ausgelegt werden, daß jeder einzelne lediglich in Höhe seiner Quote hafte.

Wie bei Ulp. D. 8.5.4.3[50] die Begrenzung der *aestimatio* auf den Anteil des klagenden Servitutsberechtigten verdächtigt wird, so wird freilich einerseits auch die Beschränkung der Haftung auf die Quote des einzelnen als justinianische Neuerung kritisiert und der Entscheidung Ulpians D. 8.5.4.4 gegenübergestellt[51]. Andererseits fehlt es nicht an Versuchen, die Abweichung zu erklären. So hat man etwa darauf hingewiesen, daß jeder Miteigentümer durch die Reparatur des tragenden Gebäudeteils einen seiner Quote entsprechenden Vorteil erhalte[52]; man hat sich ferner auf den gegenständlichen Charakter der Verantwortlichkeit berufen, die der Haftung aus drohendem Schaden gleiche[53], oder hat gar die Reparatur selbst als teilbar betrachtet[54].

In der Tat unterscheidet sich die *servitus oneris ferendi* von allen anderen Servituten. Während die Servituten allgemein nur ein Dulden oder Unterlassen zum Inhalt haben können, legt diese dem Belasteten die Erhaltung des tragenden Gebäudeteils auf eigene Kosten auf[55]. Dies

---

[49] Sie ist auch dogmatisch nicht zu begründen. *Faber, Glück* und *Seeler*, jeweils o. A. 44, aaO., berufen sich darauf, daß kein Miteigentümer ohne Zustimmung der anderen einen Bau an der gemeinschaftlichen Sache ausführen dürfe, vgl. Pap. D. 10.3.28: „*Sabinus ait in re communi neminem dominorum iure facere quicquam invito altero posse*". Doch ließen die Klassiker auch sonst die Verurteilung eines Schuldners zu, der selbst zur Leistung unvermögend war, weil er dazu etwa der Mitwirkung anderer bedurfte, sofern nur seine Leistungspflicht wirksam entstanden und deren Erfüllung objektiv möglich war, vgl. Paul. D. 45.1.2.2, Pomp. D. 8.1.17, Paul. D. 10.2.25.10; dazu u. S. 59 und gegen *Faber, Glück* und *Seeler* auch *Redenti* 33 A. 50.

[50] Dazu o. S. 34 ff.

[51] Vgl. insbesondere *Segrè* (o. A. 18), 139, *Ein* (o. A. 4), 142 ff., *Marrone* (o. A. 18), 233 und dort A. 311, *Grosso* (o. A. 18), 155 A. 12, 291.

[52] So *Scialoja* (o. A. 45), aaO.

[53] So *Redenti* 33.

[54] So *Cuiacius* (o. A. 45), aaO.: „ut pro parte reficiant parietem aut praestant quod interest: nam aestimatio refectionis dividi potest".

[55] Vgl. Ulp. D. 8.5.6.2; dazu *Kaser* I, 433 A. 38 mit *Segrè* (o. A. 2), 52 ff. gegen *Beseler*, SZ 45 (1925), 231 ff. An diese Sonderstellung der *servitus*

bedeutet indes nicht, daß die Leistung anders als die Restitution bei den übrigen Servituten teilbar gewesen wäre, zumal Papinian diese Besonderheit gewiß auch bei der Klage eines Mitberechtigten berücksichtigt hätte. Vielmehr hat man lediglich darum gestritten, ob die an einen unteilbaren Umstand anknüpfende Verantwortlichkeit mehrerer Personen notwendig ebenfalls unteilbar war. Dies zeigt der bei Paul. D. 39.3.11.3 wiedergegebene Kontroversenbericht des Julian zur *actio aquae pluviae arcendae*[56]. Wie dort liegt auch hier ein Vergleich mit der *cautio damni infecti* nahe, die jeder Grundstückseigentümer von seinem Nachbarn fordern kann, wenn ihm von dessen Grundstück — insbesondere durch ein mangelhaftes Bauwerk — Schaden droht[57], und die man bei mehreren Verpflichteten offenbar schon frühzeitig auf die Quote jedes einzelnen beschränkt hat[58]. Zwar berechtigen Mängel am tragenden Gebäudeteil den Nachbarn nicht, Sicherstellung zu verlangen, weil das Gebäude für ihn ungefährlich wäre, wenn er es nicht gerade als Stütze benutzen würde[59]. Indem die *servitus oneris ferendi* aber an die Mangelhaftigkeit des tragenden Gebäudes anknüpft, gleicht sie der *cautio damni infecti* insoweit in Ausgestaltung und Funktion[60].

Ähnliche, ursprünglich wohl ausführlicher dargestellte Überlegungen mögen auch Papinian bewogen haben, für eine Haftungsteilung einzutreten, obwohl er grundsätzlich den Umfang von Klage und Urteil am objektiven Wert der Leistung maß und daher — anders als Ulpian in D. 8.5.4.3 — einen einzelnen Mitberechtigten auf das Ganze klagen ließ.

Das Interesse der Klassiker war erkennbar auf die Frage beschränkt, ob die Klage und das Geldurteil auf das Ganze oder lediglich auf die Quote des einzelnen Mitbelasteten gehen sollten. Daher besteht kein Anlaß, über die Zulässigkeit passiver Streitgenossenschaft bei der *vindicatio servitutis* zurückhaltender zu urteilen als über die Möglichkeit gemeinsamer Klage, sofern man auch hier einstweilen davon absieht zu erörtern, inwieweit die Parteienmehrheit mit den Regeln der

---

oneris ferendi denkt wohl auch *Ubbelohde* (o. A. 45), aaO., wenn er darauf abstellt, daß die Verpflichtung zur Reparatur nicht aus dem Bestreiten des klägerischen Rechts, sondern aus der Existenz des Rechts selbst entspringe.

[56] Dazu u. S. 52 ff.

[57] Vgl. nur *Kaser* I, 407 f.

[58] Vgl. Paul. D. 39.2.27, Ulp. D. 39.2.40.2/3; dazu *Redenti* 28 f., *Guarneri Citati* (o. A. 17), 102 A. 1, *Kaser* I, 655 A. 1 gegen *Perozzi*, Istituzioni di diritto romano, Bd. 2 (1928), 147 A. 2, *Sargenti*, L'actio aquae pluviae arcendae (1940), 175 ff. Näheres u. S. 54.

[59] Eher müßte nach den allgemeinen Regeln umgekehrt der Eigentümer des gestützten Gebäudes dem Eigentümer des stützenden Bauwerks Sicherheit leisten, vgl. *Scialoja* (o. A. 45), 91.

[60] Im Ergebnis wie hier *Redenti* 33, o. A. 53.

44 Freiwillige prozeßverbindende Streitgenossenschaft — Zulässigkeit

Aktionenkonkurrenz vereinbar war[61]. Eher könnte man glauben, daß Pap. D. 3.5.30.7 — für den Bereich der *actio negatoria* — sogar ein Beispiel passiver Streitgenossenschaft enthalte:

> 2 resp.: Uno defendente causam communis aquae sententia praedio datur: sed qui sumptus necessarios ac probabiles in communi lite fecit, negotiorum gestorum actionem habet.

Wer sich als Miteigentümer eines Grundstücks, dem eine Wasserservitut am Nachbargrundstück zusteht, auf die *actio negatoria* des Nachbarn einläßt[62], erhält ein Urteil, das auch für die anderen Gemeinschafter wirkt[63]; wer aber „*in communi lite*" notwendige Aufwendungen gemacht hat, kann mit der *actio negotiorum gestorum* Ersatz verlangen[64].

Ob die Worte „*in communi lite*" aber tatsächlich auf eine Parteienmehrheit bei der *actio negatoria* weisen oder jedenfalls, wie *Bethmann-Hollweg*[65], *Wenger*[66] und *Kaser*[67] meinen, von der generellen Zulässigkeit der Streitgenossenschaft zeugen, ist fraglich. Papinian spricht im ersten Teil der Stelle lediglich von einem einzelnen Defensor, so daß der zweite Teil entweder einen anderen Sachverhalt behandeln oder zumindest als allgemeine Regel über den konkreten Fall hinaus Bedeutung haben müßte. Die beiden Teile der Stelle bilden indes nur

---

[61] Dazu u. S. 65 f.

[62] Denkbar wäre zwar auch, daß ein Miteigentümer des dienenden Grundstücks mit der *actio confessoria* belangt wird, doch ist es zumindest wahrscheinlicher, daß der *defensor* als Mitberechtigter der Servitut aufgetreten ist, *Betti* (o. A. 18), 426 f.; so auch die überwiegende Meinung, vgl. schon *Accursius* (o. § 2 A. 1), gl. communis aquae ad h. l., ferner *Ein* (o. A. 18), 236 f., *Segrè* (o. A. 18), 137, 141, *Marrone* (o. A. 18), 236 f., *Seiler*, Der Tatbestand der negotiorum gestio (1968), 388. Anders wohl *Bethmann-Hollweg* 469 und dort A. 62, *Redenti* 43 A. 60, zweifelnd *Grosso / Deiana*, Le servitù prediali II, 3. Aufl. (1963), 1233 A. 56; vgl. auch *Grosso* (o. A. 18), 155, 291 A. 8.

[63] Wie im Falle der *actio confessoria* bei Ulp. D. 8.5.4.3 (o. A. 30) und Marcian D. 8.5.19 (o. A. 35) entsteht auch hier die Frage, ob die erste Klage jede weitere präkludierte oder ob dem Urteil lediglich präjudizielle Wirkung beizumessen sei; vgl. im erstgenannten Sinne *Redenti* 43 und dort A. 60 f., *Segrè* (o. A. 18), 142, *Marrone* (o. A. 18), 236 f., anders *Betti* (o. A. 18), 426 ff., *Ein* (o. A. 4), 140, *Grosso / Deiana* (o. A. 62), aaO. und von den älteren etwa *Burckhard* (o. A. 32), 520 f. Dabei gewinnt die zweite Lösung an Wahrscheinlichkeit, wenn man die bei Ulp. D. 8.5.6.4 überlieferte Entscheidung Papinians zur *actio confessoria* betrachtet; o. S. 40 ff.

[64] Vgl. *Segrè* (o. A. 18), 141, *Seiler* (o. A. 62), 308 f. Allerdings ist die Echtheit der Stelle insoweit umstritten; ursprünglich habe der *defensor* seine Aufwendungen nur mit Hilfe der *actio communi dividundo*, also erst bei Auflösung der Gemeinschaft zurückfordern können, vgl. *Riccobono* APal. 3/4 (1917), 232 f., *Betti* (o. A. 18), 426 ff., *Marrone* (o. A. 18), 237 A. 323, *Kaser* II, 268 A. 43.

[65] 467 A. 55.

[66] 80 A. 10.

[67] *Kaser* III, 151 A. 36.

dann einen sinnvollen Gegensatz, wenn man der seit alters vertretenen und offenbar auch von *Bethmann-Hollweg*, *Wenger* und *Kaser* geteilten Ansicht folgt, wonach der Jurist im zweiten Teil den Kostenerstattungsanspruch des Defensors erörtert[68]. Obwohl der Defensor die gesamte Servitut aus eigenem Recht verteidigt und deshalb nicht eigentlich ein fremdes Geschäft führt[69], erhält er die Geschäftsführungsklage, weil das Urteil auch für die übrigen Gemeinschafter wirkt und daher im gemeinsamen Interesse — *in communi lite* — ergeht[70]. Mit dieser Erklärung verliert zugleich die Vermutung an Wahrscheinlichkeit, die Stelle habe über den konkreten Fall hinaus als Beleg prozeßverbindender Streitgenossenschaft Bedeutung. Darüber hinaus ist gerade bei einer gemeinschaftlichen Prozeßführung für die *actio negotiorum gestorum* regelmäßig kein Raum.

4. Im Ergebnis ist festzuhalten, daß für den Bereich der *vindicatio servitutis* und der *actio negatoria* zwar kein Fall prozeßverbindender Streitgenossenschaft bezeugt ist. Wenn man von den Regeln der Aktionenkonkurrenz einstweilen noch absieht, besteht freilich auch kein Grund, über die Zulässigkeit der Parteienmehrheit hier zurückhaltender zu urteilen, als bei der *rei vindicatio*, obwohl die Restitution einer Servitut unteilbar und deshalb notwendig allen Beteiligten gegenüber wirksam ist. Wo die Klassiker betonen, daß jeder einzelne Berechtigte klagen und jeder Belastete einzeln belangt werden könne, gilt ihr Interesse ausschließlich dem Umfang von Klage und Geldurteil und zeigt lediglich, daß man ein gemeinsames Vorgehen nicht erzwang.

§ 7. Die Streitgenossenschaft bei der actio aquae pluviae arcendae

1. Neben der *vindicatio servitutis* verdient die *actio aquae pluviae arcendae*, die den Grundstückseigentümer vor verstärktem Einströmen

---

[68] Vgl. im allgemeinen *Seiler* (o. A. 62), 308 f.; ferner *Bethmann-Hollweg* 469 und dort A. 62, *Kaser* III, 152 A. 45 und 288 A. 40; *Wenger* geht auf die Stelle nicht näher ein.

[69] Daß der *defensor* aus eigenem Recht prozessierte und nicht etwa im Auftrag oder als Stellvertreter der übrigen Gemeinschafter auftrat, ergibt sich — abgesehen von der *actio negotiorum gestorum* — auch aus der Entscheidung „*sententia praedio datur*". Sie wäre anderenfalls selbstverständlich.

[70] Vgl. in diesem Sinne ausdrücklich *Burckhard* (o. A. 32), 521, *Biondi* (o. A. 3), 246. Dabei liegt der Gedanke freilich nahe, daß die Gemeinschafter ebensogut einen gemeinsamen Prozeßvertreter hätten bestellen und statt dessen wiederum auch hätten gemeinsam auftreten können, so vielleicht auch *Bethmann-Hollweg* (o. A. 65), aaO. und 469 A. 62, *Wenger* (o. A. 66), aaO. und 80, *Kaser* (o. A. 67), aaO. und 152 A. 45. Anders sieht *Biondi* 221 ff., 245, 247, 249 zwischen der Bestellung eines gemeinsamen Prozeßvertreters und der Streitgenossenschaft einen prinzipiellen Unterschied; gegen ihn aber *La Rosa* (o. § 2 A. 14), 213 A. 184.

des Regenwassers durch Veränderungen auf dem Nachbargrundstück schützt[1], besonderes Interesse. Denn über das Verfahren bei einer Mehrheit von Berechtigten und Verpflichteten ist selten so vieles im Zusammenhang überliefert wie hier[2]. Dabei ist die Restitution bei dieser Klage ebensowenig wie bei der *vindicatio servitutis* teilbar und daher allen Beteiligten gegenüber wirksam[3]. Deshalb wird schließlich in der Literatur auch um die Zulässigkeit der Streitgenossenschaft in ähnlicher Weise gestritten wie dort. *Biondi*[4] und *Ein*[5] erheben gegen die Parteienmehrheit vor allem grundsätzliche Bedenken; daneben weisen sie darauf hin, daß Cassius diese Klagmöglichkeit in seiner bei Paul. D. 39.3.11.1 wiedergegebenen Aufzählung nicht erwähne. *Redenti*[6] nimmt an, Cassius habe die Parteienmehrheit nicht gekannt; später habe man jedoch die *actio aquae pluviae arcendae* entgegen Cassius für teilbar gehalten und dann auch die Streitgenossenschaft zugelassen. *Kreller*[7], *Pugliese*[8] und *Kaser*[9] glauben dagegen, daß die Form gemeinschaftlicher Klage und Belangung in der juristischen Diskussion als unstreitig beiseite gelassen worden sei[10].

In der Tat enthalten die Quellen keinen sicheren Beleg prozeßverbindender Streitgenossenschaft. Sie schließen aber eine Parteienmehrheit auch nicht aus, sondern zeugen wie bei der *vindicatio servitutis* lediglich von einer Kontroverse um den Umfang von Klage und Geldurteil.

2. Die Berechtigung mehrerer Personen als Miteigentümer des geschädigten Grundstücks — wie auch den umgekehrten Fall des Miteigentums am schädigenden Grundstück — erörtert:

> Paul. D. 39.3.11.1 49 ad ed.: Cassius ait, sive ex communi fundo sive communi aqua noceat, vel cum uno agere posse vel unum separatim cum singulis vel separatim singulos cum uno vel singulos cum singulis. si unus egerit et restitutio operis litisque aestimatio facta sit, ceterorum actionem evanescere: item si cum uno actum sit et si praestiterit, ceteros liberari idque, quod sociorum nomine datum sit, per arbitrum communi dividundo reciperari posse.

---

[1] Vgl. nur *Kaser* I, 126, 407.
[2] Paul. D. 39.3.11.1 - 4, Ulp. D. 39.3.6.pr./1; *Levy* (o. § 2 A. 7), 272.
[3] Vgl. Paul. D. 39.3.11.3 (dazu u. 52 ff.), *Kaser*, Quanti (o. § 5 A. 8), 27, *Kaser* III, 151; zur *vindicatio servitutis* o. S. 33.
[4] APal. 12 (1929), 221 ff., 246.
[5] Bull. 39.1 (1931), 207.
[6] 27 f.
[7] SZ 49 (1929), 513 f.; gebilligt wohl von *Wenger*, Institutes (o. § 2 A. 8), 83 A. 9.
[8] 275.
[9] *Kaser* III, 151 und dort A. 42; er betont, daß man die Streitgenossenschaft jedenfalls nicht erzwungen habe.
[10] Vgl. auch *Arangio-Ruiz*, Bull. 21 (1909), 221 ff., 242 A. 1.

Wenn sowohl das geschädigte als auch das schadenbringende Grundstück jeweils mehreren Personen gemeinschaftlich gehört, bestehen nach der von Paulus wiedergegebenen Entscheidung des Cassius folgende Klagmöglichkeiten: Ein einzelner Miteigentümer des geschädigten Grundstücks könne entweder einen unter den Miteigentümern des Nachbargrundstücks auf das Ganze verklagen oder auch jeden von ihnen gesondert auf seinen Teil in Anspruch nehmen. Ebenso könnten alle Berechtigten einzeln — in Höhe ihrer Quote — gegen denselben Gemeinschafter vorgehen oder jeweils einen anderen Schuldner belangen. In jedem Fall erlösche mit der Klage eines Berechtigten und der Restitution und Ästimation die Klagbefugnis aller anderen Gläubiger; entsprechend würden mit der Belangung eines einzelnen Schuldners und seiner Leistung, für die er im Teilungsverfahren Regreß nehmen könne[11], auch alle übrigen befreit.

Der überlieferte Text erweckt tatsächlich den Anschein, als ob Cassius die Parteienmehrheit nicht gekannt, sondern lediglich die Solidar- und die Teilungsklage zur Wahl gestellt[12] und dabei durch den Zusatz „*separatim*" die Verfahrenstrennung noch besonders betont habe[13]. Doch müßte dies gleichermaßen für die Kompilatoren gelten[14], die den Text bearbeitet haben, indem sie insbesondere die in den Wendungen „*si unus egerit ... ceterorum actionem evanescere*" und „*si cum uno actum sit ... ceteros liberari*" noch erkennbare zivile Konsumption in eine Solutionskonkurrenz verwandelten[15]. Nun wäre es aber seltsam, wenn selbst die Kompilatoren hier nur getrennte Verfahren zugelassen hätten, weil die Regeln für die Zulassung der Parteien bereits im

---

[11] Dazu *Berger* (o. § 2 A. 23), 157, *Archi* SDHI 8 (1942), 244 f.
[12] Vgl. *Kaser*, Quanti (o. A. 3), 27. Anders denkt *Albertario*, Corso di diritto romano: le obbligazioni solidali (1948), 93 ff., 113 ff. an mehrere Solidarklagen, *Peters*, SDHI 35 (1969), 186 f. an mehrere Teilklagen.
[13] Vgl. *Guarneri Citati* (o. § 6 A. 17), 66 ff., 78, *Biondi* (o. A. 4), 246.
[14] Dies scheint *Guarneri Citati* (o. A. 13), 78 in der Tat — wenngleich vorsichtig — zu erwägen. Vom Wortlaut her liegt diese Lösung jedenfalls näher als die Ansicht *Segrès* (o. § 6 A. 18), 144, nach der Justinian mit den letzten drei Klagmöglichkeiten gerade auf die Streitgenossen hingewiesen habe.
[15] In diesem Zusammenhang haben sie die Worte „*et restitutio operis litisque aestimatio facta sit*" und „*et si praestiterit*" eingefügt, vgl. im Anschluß an *Eisele*, AcP. 77 (1891), 441 ff.: *Krüger*, Digesta ad h. l., *Redenti* 27 A. 39, *Levy* (o. A. 2), 273, 387 f., *Guarneri Citati* (o. A. 13), 66 ff., 77 ff., *Kerr Wylie* (o. § 2 A. 9), 230, *Perozzi* (o. § 6 A. 58), 147 A. 2, *Segrè* (o. A. 14), 143 f., *Kaser*, Quanti (o.A. 3), 28 A. 27, *Sargenti* (o. § 6 A. 58), 173 A. 3, *Archi* (o. A. 11), 243, *Marrone*, APal. 24 (1955), 237; einschränkend will *Albertario* (o. A. 12), aaO. immerhin „*et restitutio operis litisve contestatio facta sit*" lesen und nur „*et si praestiterit*" streichen, wobei er davon ausgeht, daß die Kompilatoren nicht an die Teilung der Klage, sondern an die Aufhebung der Konsumptionskonkurrenz bei der Solidarklage dachten. Dagegen hält *Liebs* (o. § 5 A. 25), 249 f. neuerdings die Solutionskonkurrenz hier gar für eine klassische Einrichtung. Zur Lösung von *Peters* s. u. A. 17.

klassischen Kognitionsprozeß grundsätzlich aufgelockert wurden[16]. Eher ist anzunehmen, daß die Zulässigkeit der Streitgenossenschaft gar nicht Gegenstand der Untersuchung war. Vielmehr wird hier wie auch bei der *vindicatio servitutis* eine Kontroverse um den Umfang der Klage und das Maß des Geldurteils bestanden haben, die Paulus ursprünglich bereits in § 1 mit Bezug auf Cassius und vielleicht auch andere Juristen in den Grundzügen dargestellt haben mag[17]. Unter dieser Voraussetzung unterstreicht der Zusatz *„separatim"* lediglich die Ansicht derer, die glaubten, daß jeder Gläubiger sich auf seinen Anteil beschränken und ebenso jeder Schuldner einzeln in Höhe seiner Quote belangt werden könne und müsse, obwohl die Restitution unteilbar und deshalb notwendig allen Beteiligten gegenüber wirksam war[18].

Diese Lösung gewinnt an Wahrscheinlichkeit, wenn man hinzunimmt, daß Paulus in § 4 desselben Fragments — für den Fall mehrerer Berechtigter — über den Umfang von Klage und Geldurteil genauere Auskunft gibt:

> Paul. D. 39.3.11.4 49 ad ed.: Quod si is fundus, cui aqua pluvia nocet, plurium sit, agere quidem vel singulos posse: sed damni, quod post litem contestatam datum sit, non amplius parte sua consecuturum: item si opus restitutum non fuerit, non amplius, quam quod pro parte eorum interfuerit opus restitui, condemnationem fieri oportere.

Nach der von Paulus überlieferten Entscheidung des Julian[19] ist jeder Miteigentümer des geschädigten Grundstücks zwar einzeln zur

---

[16] Vgl. nur *Kaser* III, 382. Auch *Biondi* (o. A. 4), 224 ff., erkennt hier die Zulässigkeit der Streitgenossenschaft an.

[17] Vgl. *Kaser*, Quanti (o. A. 3), 29. Anders nehmen die übrigen o. A. 15 genannten Autoren an, soweit sie auf die Stelle näher eingehen, Paulus habe nur die Ansicht des Cassius referiert. Unter ihnen will *Peters* (o. A. 12), aaO., die Aufzählung in ihrem sachlichen Gehalt bewahren, weil Paulus davon ausgegangen sei, daß Klage und Urteil nur auf die Quote gingen; er verdächtigt lediglich die Worte *„litis aestimatio"*, weil eine *restitutio operis* eine *litis aestimatio* ausschließe. Alle anderen Autoren glauben, daß jedenfalls Cassius für eine Klage und Verurteilung auf das Ganze eingetreten sei. So tilgt etwa *Redenti* 27 A. 39 das erste *„vel"* und den Text von *„vel unum separatim"* bis *„singulis"*, der die drei anderen Klagmöglichkeiten enthält. *Albertario* (o. A. 12), 114 denkt an: *„vel unum agere vel cum uno agi posse"*, während *Guarneri Citati* (o. A. 15), 78, 79 A. 1 *„in solidum agere posse vel unum cum singulis, vel singulos cum uno, vel singulos cum singulis"* liest. Darüber hinaus will *Beseler*, SZ 46 (1926), 98 den Fall der Mehrheit auf der Klägerseite gänzlich tilgen, weil Paulus diesen erst im § 4 eodem behandelt habe, und konstruiert in diesem Sinne: *„Cassius ait, si ex communi fundo aqua noceat, singulos dominos in solidum teneri, et, si cum uno agatur, ceteros liberari"*. Ihm folgt *Ein* (o. A. 5), 204 A. 5.

[18] Dabei ist freilich nicht mehr zu erkennen, ob die anderen Juristen für eine Teilung der Klage oder nur der *condemnatio* eingetreten sind. Beide Lösungen erscheinen, wenn man die im Text folgenden Stellen Paul. D. 39.3.11.4 und Ulp. D. 39.3.6.1 betrachtet, durchaus möglich.

[19] Paulus setzt das in § 3 eodem begonnene Zitat fort, *Kaser*, Quanti (o. A. 3), 29.

§ 7. actio aquae pluviae arcendae

Klage befugt, doch erhält er für die nach der *litis contestatio* entstandenen Schäden nur anteiligen Ersatz. Ebenso bestimmt sich die Höhe des Geldurteils bei unterbliebener Restitution allein nach dem Interesse des Klägers.

Daß sich Julian trotz einer auf das Ganze gehenden Klage[20] für eine Teilung der *condemnatio* entschieden haben könne, wird in der Literatur zumeist aus den gleichen Gründen bestritten, aus denen man bezweifelt, daß Ulpian in D. 8.5.4.3 zum entsprechenden Fall der *vindicatio servitutis* für eine Beschränkung des Geldurteils eingetreten sei[21]. In der Tat ist die Stelle nicht frei von Veränderungen. So passen etwa die Worte „*non amplius s u a consecuturum*" schlecht zu „*quod pro parte e o r u m interfuerit*"[22]; auch fehlt eine Stellungnahme des Paulus[23]. Deshalb aber den sachlichen Gehalt der Stelle zu verdächtigen, erscheint hier ebensowenig erforderlich wie bei der Entscheidung Ulpians[24]. Dies gilt um so mehr, als Julian selbst im unmittelbar vorhergehenden Paragraphen — zur Rechtslage mehrerer Schuldner — ausführlich von einer Kontroverse um die Beschränkung der *condemnatio* berichtet[25]. Vermutlich hat die Mehrzahl der älteren Juristen wie Cassius die unteilbare Restitution als Maßstab für Klage und Geldurteil betrachtet und deshalb in der *aestimatio* das Interesse der übrigen Gläubiger mitberechnet[26]. Später wird sich jedoch die Auffassung durchgesetzt haben, daß die Formel[27]

---

[20] Abweichend nimmt *Guarneri Citati* (o. A. 14), 81 f. an, daß „*singulos*" nur ursprünglich auf Solidarklagen hingewiesen habe, nunmehr aber Teilungsklagen kennzeichne. Doch wird die Teilverurteilung durch „*sed*" ausdrücklich der auf das Ganze gehenden Klage gegenübergestellt, so schon *Burckhard* (o. § 6 A. 32), 502.

[21] Vgl. zur *vindicatio servitutis* o. S. 34 ff.; zur Stelle insbesondere *Guarneri Citati* (o. A. 14), 81 f., 85 f., *Segrè* (o. A. 15), 143 f., *Sargenti* (o. A. 15), 173 f., und — wenn auch zögernd — *Ein* (o. A. 5), 204 A. 5, 209 ff.

[22] Vgl. *Guarneri Citati* (o. A. 14), 85 f., *Beseler* (o. A. 17), 99, *Kaser*, Quanti (o. A. 3), 28 f.

[23] *Kaser*, Quanti (o. A. 3), 29.

[24] Vgl. *Ferrini*, Manuale di Pandette, 3. Aufl. (1908), 568 A. 3 = 4. Aufl. (1953), 444 A. 1, *Arangio-Ruiz* (o. A. 10), 242 A. 1, *Levy* (o. A. 2), 387, *Beseler* (o. A. 17), 99, *Kaser*, Quanti (o. A. 3), 28 f., *Peters* (o. A. 12), 186 und von den älteren neben *Burckhard* (o. A. 20), 492 ff. auch *Binder* (o. § 6 A. 30), 79 ff. Dieser begründet die Teilung der *condemnatio* mit dem *officium iudicis* und verweist in diesem Zusammenhang zu Recht auf die Flexibilität des „*quanti ea res erit*", aaO., 87.

[25] Dazu u. S. 52 ff.

[26] Vgl. o. S. 36 und dort A. 25.

[27] Vgl. *Lenel*, EP, 375 ff.; abweichend *Schönbauer*, SZ 54 (1934), 246 ff., 252 und diesem jedenfalls zum Teil folgend *Sargenti* (o. A. 15), 193 A. 2 und *Kaser*, SZ 83 (1966), 39 ff. *Kaser* konstruiert: „*S. p. Nⁿ Nⁿ aquam pluviam, quae ex opere in agro Capenate facto agro Aⁱ Aⁱ nocet, arcere oportere, neque ea res arbitrio tuo restituatur, quanti ea res erit, etc.*", aaO., 42; wieder an-

> „si paret opus factum esse in agro Capenate, unde aqua pluvia agro Auli Agerii et Titii Sempronii et ... nocet, quam ob rem Numerium Negidium eam aquam Aulo Agerio arcere oportet, si ea res arbitrio iudicis non restituetur, quanti ea res erit ..."

bei freierer Auslegung die Klagbefugnis der anderen nicht notwendig ausschloß, so daß die Beschränkung der *condemnatio* auf die Quote des Klägers für die übrigen Berechtigten keinen Nachteil barg[28].

Darüber hinaus hat Ulpian der Überlieferung zufolge nicht nur das Geldurteil, sondern auch die Klage auf den Anteil eines jeden Gläubigers — und Schuldners — beschränkt:

> Ulp. D. 39.3.6.1 53 ad ed.: Si ex plurium fundo decurrens aqua noceat vel si plurium fundo noceatur, placuit eoque iure utimur, ut, sive plurium fundus sit, singuli in partem experiantur et condemnatio in partem fiat, sive cum pluribus agatur, singuli in partem conveniantur et in partem fiat condemnatio.

Die Vertrauenswürdigkeit des überlieferten Textes wird freilich wie bei Paul. D. 39.3.11.4 fast stets geleugnet, weil man unterstellt, daß die Einführung der Teilklage und -verurteilung einer allgemeinen justinianischen Tendenz entspreche[29]. Dennoch könnte die Stelle trotz einiger gewiß vorhandener formaler Mängel[30] auch zur Teilung der Klage in der Sache verläßlich sein, weil die auffällig wiederholte Beschränkung von Klage und Geldurteil ebenso wie die Worte „*placuit eoque iure utimur*" bereits auf eine ältere, ungeschickt verkürzte Kontroverse deuten[31]. Allerdings wird Ulpian nicht angenommen haben,

---

ders *Rodgers*, Owners and Neighbours in Roman Law (1972), 141 ff., 153 ff. Für unsere Untersuchung ist diese Kontroverse freilich ohne Bedeutung.

[28] An die Möglichkeit einer Kontroverse denken auch *Redenti* 27 f., *Berger* (o. A. 11), 157, *Levy* (o. A. 2), 273, 387, *Bonfante*, Corso di diritto romano II: La proprietà, Bd. 1 (1926), 450, *Kaser*, Quanti (o. A. 3), 26 ff.; gegen ihn *Archi* (o. A. 11), 244 und dort A. 119; s. aber wieder *Kaser*, Festschrift Koschaker I (1939), 453 A. 58, ders. Iura 7 (1956), 220, *Kaser* III, 151 A. 42, *Bund*, Untersuchungen zur Methode Julians (1965), 119, *Peters* (o. A. 12), 182 ff.

[29] Vgl. insbesondere *Guarneri Citati* (o. A. 14), 66 A. 1, 81; ferner *Lenel*, EP, 376 A. 6, *Perozzi* (o. A. 15), 147 A. 2, *Branca*, St. Ratti (1934), 184, *Sargenti* (o. A. 15), 171 ff.; vorsichtiger *Ein* (o. A. 5), 204 A. 5, 209 ff. Auch *Albertario* (o. A. 12), 70 f., 95, der davon ausging, daß die Kompilatoren in Paul. D. 39.3.11.1 die Solidarklage bewahrt hätten (o. A. 15), nimmt an, sie hätten hier die Teilklage eingeführt, und tadelt deshalb ihre unterschiedliche Haltung zur Klassik.

[30] So wird aus „*sive plurium fundus sit*" nicht deutlich, welches Grundstück gemeint sei, noch wollen diese Worte recht zu „*sive cum pluribus agatur*" passen; vgl. *Guarneri Citati* (o. A. 14), 66 A. 1, ferner *Beseler* (o. A. 17), 98, *Kaser*, Quanti (o. A. 3), 27 A. 24; anders *Peters* (o. A. 12), 185.

[31] Vgl. *Kaser*, Quanti (o. A. 3), 27, *Peters* (o. A. 12), 188. Dagegen nimmt *Guarneri Citati* (o. A. 14), 66 A. 1 an der Wiederholung Anstoß, weil es sich erübrige, auf die Beschränkung des Urteils hinzuweisen, wenn schon die Klage nur auf die Quote gehe.

daß das *iussum de restituendo* teilbar sei und aus diesem Grunde — anders als bei der *vindicatio servitutis*[32] — auch die Klage geteilt werden könne. Eher mag er gemeint haben, daß sich die *actio aquae pluviae arcendae* nicht auf ein „*ius (non) esse*" gründe, sondern sich als persönliche Klage[33] von vornherein auf den Ersatz des gerade dem Kläger zugefügten Schadens richte[34].

Welche Ansicht Ulpian oder die anderen Juristen tatsächlich vertreten haben, ist für unser Problem von untergeordneter Bedeutung. Sie stritten wie bei der *vindicatio servitutis* lediglich um den Umfang der Klage und das Maß des Geldurteils, ohne daß zu erkennen wäre, inwiefern die gewählte Lösung zugleich auch ein Urteil über die Zulässigkeit der Streitgenossenschaft enthalten solle[35]. Die Quellen belegen nur, daß man ein gemeinsames Vorgehen jedenfalls nicht erzwang[36]. Sie rechtfertigen es daher nicht, über die Zulässigkeit der — aktiven — Streitgenossenschaft anders zu entscheiden als bei der *vindicatio servitutis* oder der *rei vindicatio*[37].

3. Ein ähnliches Bild wie beim Miteigentum am geschädigten Grundstück zeigen die Quellen auch in dem Fall, in dem das Grundstück, von dem die Schädigung ausgeht, mehreren Personen gemeinschaftlich gehört. Auch hier streiten die Juristen nicht um die Zulässigkeit gemeinschaftlicher Belangung, sondern um den Inhalt und Umfang von Klage und Geldurteil. Davon zeugen Paul. D. 39.3.11.1 - 3 und Ulp. D. 39.3.6.1.

In der — bereits erörterten[38] — Stelle D. 39.3.11.1 hat Paulus seine Leser unter Bezug auf Cassius und ursprünglich vielleicht auch andere Juristen zunächst wohl nur in die Problematik eingeführt.

---

[32] Vgl. seine eigene Entscheidung Ulp. D. 8.5.4.3; o. S. 34 ff.

[33] Ulp. D. 39.3.6.5: „*Aquae pluviae arcendae actionem sciendum est non in rem, sed personalem esse*"; vgl. nur *Redenti* 31 A. 47, *Ein* (o. A. 5), 120 f., und *Kaser* III, 79 A. 13 gegen *Broggini* (o. § 3 A. 3), 71 A. 63, 169 A. 27.

[34] So *Redenti* 27 ff. Die Teilung der Klage oder jedenfalls der *condemnatio* — zumeist nicht unterschieden — lassen ferner zu *Levy* (o. A. 2), 387 und dort A. 5, *Beseler* (o. A. 17), 98, der freilich die Stelle frei in seinem Sinne rekonstruiert, *Ferrini* (o. A. 24), 568 A. 3, *Kaser*, Quanti (o. A. 3), 26 ff., Festschrift Koschaker I (1939), 453 A. 58, Iura 7 (1956), 220, III, 151 A. 42, *Peters* (o. A. 12), 185 f.; vgl. ferner o. A. 28.

[35] Anders *Redenti* 27 f. im Hinblick auf die Worte „*vel singulos agere posse*" bei Paul. D. 39.3.11.1. In der Tat könnte man erwägen, ob nicht der Jurist, wenn er auf die Klagmöglichkeit eines einzelnen besonderes Gewicht legt, umgekehrt ein gemeinsames Vorgehen aller Berechtigten als selbstverständlich voraussetzt. Doch würde die Formulierung insofern wohl überbewertet, vgl. — zu „*sive cum pluribus agatur*" — auch u. S. 55 f.

[36] Dies betont auch *Kaser* III, 151.

[37] Vgl. zur *rei vindicatio* o. S. 31, zur *vindicatio servitutis* o. S. 39.

[38] Oben S. 46 ff.

52 Freiwillige prozeßverbindende Streitgenossenschaft — Zulässigkeit

Im folgenden Paragraphen geht er dann näher auf die Frage ein, ob man einen Gemeinschafter überhaupt zur Restitution heranziehen könne, wenn er an der Herstellung der schadenstiftenden Anlage nicht beteiligt war:

> Paul. D. 39.3.11.2 49 ad ed.: Et ex sociis non utique cum eo agendum qui opus fecerit nec minus eum quoque damnum restituere debere, qui auctor operis fuit, apud Ferocem Proculus ait: si cum uno dominorum actum sit, qui opus non fecerit, debere eum opus restituere sua impensa, quia communi dividundo actionem habet. sed sibi magis placere patientiam dumtaxat eum praestare oportere, quia sua culpa actor id patiatur, qui non agit cum eo, a quo opus factum sit. et est iniquum eum, qui non fecit, id restituere oportere, quoniam communi dividundo agere potest: quid enim fiet, si socius eius solvendo non fuerit?

Hierzu berichtet er, Proculus habe die Ansicht vertreten, man könne nicht nur von dem Hersteller oder mitverantwortlichen Urheber der Anlage, sondern auch von jedem anderen Gemeinschafter die Restitution verlangen[39], weil dieser stets im Teilungsverfahren Regreß nehmen könne. Nach anderer Meinung brauchten dagegen die Miteigentümer, die an der Errichtung der Anlage nicht beteiligt waren, lediglich deren Beseitigung zu dulden[40].

Die weitere Frage, ob nämlich das Geldurteil auf das Ganze oder nur die Quote gehe, wenn der verklagte Miteigentümer die ihm obliegende Restitution unterläßt, behandelt Paulus anschließend in § 3 eodem:

> 49 ad ed.: Officium autem iudicis inter duos accepti quale futurum sit, dubitare se Iulianus ait, si forte unius fundus fuerit cui aqua noceat, si vero in quo opus factum sit, plurium et cum uno eorum agatur: utrum et eius damni nomine, quod post litem contestatam datum sit, et operis non restituti in solidum condemnatio fieri debeat, quemadmodum, cum servi communis nomine noxali iudicio cum uno agitur, condemnatio in solidum fiet, quoniam quod praestiterit potest a socio recipere? an vero is cum quo agitur pro parte sua et damni dati et operis non restituti nomine

---

[39] Bei dieser Deutung scheint es mir nicht erforderlich, im Anschluß an *Mommsen*, Digesta ad h. l. mit *Burckhard* (o. A. 20), 495 A. 39, *Guarneri Citati* (o. A. 14), 79 A. 2, *Beseler* (o. A. 17), 98 und *Archi* (o. A. 11), 243 „*qui auctor operis n o n fuit*" zu lesen, um die Solidarhaftung eines jeden Miteigentümers zu verdeutlichen; vgl. auch *Peters* (o. A. 12), 181 A. 199. Im übrigen hat man vor *Mommsen* seit jeher den Text bis „*qui auctor operis fuit*" noch zu § 1 gerechnet, vgl. etwa *Accursius* (o. § 3 A. 1) und *Bartolus* (o. § 2 A. 1) zur Stelle, ebenso *Burckhard*, aaO.

[40] Daß es eine Duldungsklage bei der *actio aquae pluviae arcendae* schon im klassischen Recht gegeben habe, ist freilich umstritten, vgl. nur *Peters* (o. A. 12), 135 ff. Dementsprechend tilgen *Guarneri Citati* (o. A. 14), 88 ab „*sed sibi magis*" und *Beseler* (o. A. 17), 98 ab „*si cum uno dominorum*" den hierauf bezüglichen Text, während *Berger* (o. A. 11), 157 f., *Ein* (o. A. 5), 208 und *Peters* 187 den Hinweis auf die Duldungshaftung bewahren. Zur weiteren Frage, inwieweit der Text die Ansicht des Proculus, des Urseius Ferox oder gar des Cassius wiedergebe, vgl. etwa *Burckhard* (o. A. 20), 495 A. 39, *Binder* (o. A. 24), 83 A. 29, *Sargenti* (o. A. 15), 116 A. 2; zum Regreß als Grund für die Solidarhaftung s. u. A. 44.

§ 7. actio aquae pluviae arcendae   53

damnandus sit, ut in actione damni infecti fiat, cum eius praedii, ex quo damnum metuatur, plures domini sint et cum uno eorum agatur? licet opus, ex quo damnum futurum sit, individuum sit et ipsae aedes solumque earum non potest pro parte dumtaxat damnum dare, nihilo minus eum cum quo agitur pro sua parte condemnari. magisque existimat id servandum in aquae pluviae arcendae actione, quod in actione damni infecti, quia utrubique non de praeterito, sed de futuro damno agitur.

Wir erfahren, daß Julian, dessen Ansicht Paulus referiert, über die richtige Lösung im Zweifel war, und werden zumindest teilweise auch über seine Gründe unterrichtet. Er habe überlegt, so heißt es, ob der Beklagte wie bei einer Noxalklage den gesamten Schaden ersetzen müsse, da er ja bei den übrigen Gemeinschaftern Regreß nehmen könne, oder ob er wie bei der *cautio*[41] *damni infecti* lediglich für seine Quote einzustehen brauche. Julian habe sich dann trotz der Unteilbarkeit der Restitution für den zweiten Weg entschieden, weil die *actio aquae pluviae arcendae* ebenso wie die *cautio damni infecti* der Abwehr künftiger Schäden diene.

In der Literatur wird allerdings zumeist bestritten, daß der überlieferte Text die klassische Lösung wiedergebe. Dafür beruft man sich außer auf formale Mängel[42] vor allem auf prinzipielle, mit der Unteilbarkeit der Restitution begründete Bedenken gegenüber der Haftungsteilung[43]; auch reiche es weder aus, die Gesamthaftung bei der Noxalklage allein mit dem Hinweis auf die Regreßmöglichkeit zu begründen[44], noch sei es denkbar, daß ein klassischer Jurist ein prätorisches

---

[41] Ursprünglich hat hier wohl die *cautio damni infecti* die Stelle einer erst später der Klagerhebung angenäherten „*actio damni infecti*" eingenommen, vgl. *Branca* (o. A. 29), 177 ff., 183 ff., *Kaser* II, 196 und dort A. 70, vorsichtiger III, 470 A. 35; ferner u. A. 47.

[42] So hat schon *Mommsen*, Digesta ad h. l. statt „*si vero ...*" „*is vero ...*" gelesen und die fehlende gedankliche Verbindung zwischen dem Anfangsteil und dem Schlußsatz ab „*licet opus*" durch die Worte „*nam cum damni infecti agatur*" herstellen wollen. Auch ist der Moduswechsel „*individuum sit ... potest*" wohl zu beanstanden, vgl. *Guarneri Citati* (o. A. 14), 102 A. 1; ferner *Branca* (o. A. 29), 183 ff., *Bund* (o. A. 28), 118 A. 55, *Peters* (o. A. 12), 184 f.

[43] So insbesondere *Guarneri Citati* (o. A. 14), 83 f., 102 A. 1, *Perozzi* (o. A. 15), 147 A. 2, *Ein* (o. A. 5), 204 A. 5, *Branca* (o. A. 29), 183 ff., *Sargenti* (o. A. 15), 174 A. 3, *Archi* (o. A. 11), 244. Unter ihnen wagt *Guarneri Citati* wegen allzu großer Ungewißheit gar keine Rekonstruktion. *Perozzi* ersetzt im Schlußteil der Stelle die Worte „*licet*" durch „*cum*" und „*pro parte sua*" durch „*in solidum*" und tilgt „*nihilo minus*". *Branca* streicht die Sätze „*an vero — agatur*" und „*magisque — agitur*". Darüber hinaus verdächtigen hier und anders als im Falle mehrerer Berechtigter (o. A. 24, 34) auch *Ferrini* (o. A. 24), 568 A. 3, *Beseler* (o. A. 17), 98 f. und *Kaser*, Quanti (o. A. 2), 28 A. 26, anders wohl ders. III, 151 A. 42, die Teilung der *condemnatio*. *Ferrini* kritisiert den letzten Satz des Textes ab „*magisque*", während *Beseler* in seinem Sinne frei konstruiert.

[44] *Berger* (o. A. 11), 158, 176. Vielmehr sei umgekehrt wegen der Solidarhaftung eine Regreßregelung nötig; vgl. ferner *Beseler*, Beiträge zur Kritik

Rechtsmittel wie die *cautio damni infecti* mit einer zivilen *actio* verglichen haben könne[45].

Die Annahme, erst die Kompilatoren seien für eine Teilung der *condemnatio* eingetreten, findet indes gerade in dieser Stelle nur wenig Anhalt, weil es seltsam wäre, wenn Justinians Bearbeiter ihre Ansicht selbst in Zweifel gezogen hätten. Um so wahrscheinlicher ist es, daß die Frage, ob die an einen unteilbaren Umstand anknüpfende Verantwortlichkeit ebenfalls unteilbar sei, tatsächlich umstritten war. Dazu nennt Julian beispielhaft einerseits das Noxaliudicium, für das die Solidarhaftung allgemein anerkannt war[46], andererseits die *cautio damni infecti*, die man wohl schon früh auf die Quote des belangten Gemeinschafters beschränkt hat[47]. Es trifft auch zu, daß die *cautio damni infecti* und die *actio aquae pluviae arcendae* sich insoweit gleichen, als beide der Abwehr künftiger Schäden dienen. Denn wie ein Grundstückseigentümer von seinem Nachbarn Sicherstellung fordert, wenn ihm von dessen Grundstück Schaden droht, so begehrt er mit der *actio aquae pluviae arcendae* außer der Wiedergutmachung die Beseitigung der schädigenden Anlage und damit jedenfalls auch Schutz vor weiterem Wassereinbruch[48].

Freilich wird dies nicht der einzige Grund gewesen sein, aus dem sich Julian in beiden Fällen für eine Teilung der *condemnatio* entschied. Vermutlich hat er die Problematik ursprünglich ausführlicher dargestellt. In diesem Zusammenhang mag er vielleicht auch darauf hingewiesen haben, daß die Noxalhaftung aus Delikt entsteht, während die

---

der römischen Rechtsquellen, Bd. 3 (1913), 65, *Levy* (o. A. 2), 274 A. 2 (Glossem), *Guarneri Citati* (o. A. 14), 80 A. 1. Immerhin mag der Kern aber vertrauenswürdig sein, *Archi* (o. A. 11), 244.

[45] So *Branca* (o. A. 29), 186. Außerdem sei die Begründung des Vergleichs — daß beide Rechtsmittel der Abwehr künftigen Schadens dienten — wenig befriedigend, vgl. *Ferrini* (o. A. 24), 568 A. 3, *Branca*, aaO., *Bund* (o. A. 28), 118 ff.

[46] Vgl. *Levy* (o. A. 2), 274. Ob die Worte „*quoniam quod praestiterit potest a socio recipere*" in diesem Zusammenhang nachträglich zur Betonung der Billigkeit eingeschoben worden sind (o. A. 44), ist hierfür ohne Bedeutung.

[47] Vgl. o. § 6 A. 58. Zu Unrecht zieht *Sargenti* (o. A. 15), 175 ff. hiergegen Ulp. D. 39.2.23 heran. Denn die Entscheidung „*in stipulatione damni infecti, quae aedium nomine interponitur, nisi in solidum fuerit cautum, mittetur in possessionem*" besagt nicht mehr, als daß zur Abwendung der *missio in possessionem* die Sicherheit in voller Höhe geleistet werden muß; dabei steht nicht zur Diskussion, wie bei mehreren Gemeinschaftern gegebenenfalls der Anteil eines einzelnen zu bemessen wäre. Im übrigen ist für Julian entgegen *Branca* (o. A. 45), aaO. die Qualifikation der *cautio damni infecti* als prätorisches Rechtsmittel ohne Belang. Ihn interessiert ausschließlich die Teilung der Kaution trotz der Unteilbarkeit des drohenden Schadens. Außerdem hat die *cautio damni infecti* in der altrömischen *actio damni infecti* immerhin eine zivile Wurzel, vgl. *Kaser* I, 125 f., 406 ff.

[48] S. zum Vergleich insbesondere *Bund* (o. A. 28), 117 ff., *Peters* (o. A. 12), 184 f., und von den älteren auch *Binder* (o. A. 24), 84 ff.

cautio damni infecti und die *actio aquae pluviae arcendae*, mindestens im klassischen Recht, auf nachbarrechtlichen Eigentumsbeschränkungen beruhen[49].

Obgleich der Bericht des Paulus nur unvollständig erhalten ist, so zeigt er doch mit besonderer Deutlichkeit, daß die Streitgenossenschaft nicht Gegenstand der Erörterung war. Es ist auch nicht erkennbar, inwiefern die Zulässigkeit der Parteienmehrheit davon abhängen sollte, welchen Standpunkt man in der geschilderten Kontroverse bezog. Darüber hinaus könnten die überlieferten Formulierungen „*si vero in quo opus factum sit, plurium et cum uno eorum agatur*"[50], „*cum servi communis nomine noxali iudicio cum uno agitur*" und „*plures domini sint et cum uno eorum agatur*"[51] dahin ausgelegt werden, daß die Kontroverse überhaupt nur entstand, wenn der Gläubiger statt aller Schuldner bloß einen einzelnen in Anspruch nahm. Doch hieße es wohl, die Bedeutung der Worte ebenso zu überschätzen, wie man es täte, wenn man in der Wendung „*sive cum pluribus agatur*" aus der bereits bekannten Ulpianstelle D. 39.3.6.1[52] ein Zeugnis passiver Streitgenossenschaft erblicken wollte[53]. Denn wenn der Text, in dem wie im Falle mehrerer Berechtigter von einer Teilung der Klage und des Geldurteils die Rede ist, insoweit überhaupt Vertrauen verdient[54], so leiten die Worte „*sive cum pluribus agatur*" nach der vorangehenden, ihnen

---

[49] Vgl. *Redenti* 27 ff., der von einer rein gegenständlichen Verantwortlichkeit spricht; möglicherweise hat man sich in früherer Zeit den Wasserdämon als den eigentlich Schuldigen vorgestellt, so *Kaser* I, 126 und dort A. 43, 162. Die Stelle bewahren ferner *Berger* (o. A. 11), 157, *Levy* (o. A. 2), 273, *Biondi*, La categoria romana delle „servitutes" (1938), 138, *Reggi*, St. Parmensi III (1953), 490 f., *Bund* (o. A. 28), 117 ff., *Peters* (o. A. 12), 184 f., *Liebs* (o. A. 15), 250 und wohl auch — anders als in Quanti (o. A. 3), 26 ff. — *Kaser* III, 151 A. 42, s. o. A. 43; vgl. von den älteren dazu *Burckhard* (o. A. 20), 497 ff. und *Binder* (o. A. 24), 79 ff. Daß Julian die Beschränkung der *condemnatio* hier ausführlicher begründet als im entsprechenden Fall mehrerer Berechtigter bei Paul. D. 39.3.11.4 (o. S. 48 ff.), mag vielleicht darauf zurückzuführen sein, daß die Formel „*quanti ea res erit*" die Begrenzung der Urteilssumme auf das Klägerinteresse von vornherein erleichtert.

[50] Der freien Rekonstruktion *Beselers* (o. A. 43), aaO. fällt freilich dieser Satz zum Opfer.

[51] Auch diesen Satz tilgen *Beseler* und *Branca*, jeweils o. A. 43, aaO.

[52] Oben S. 50 f.

[53] So aber *Redenti* 28 und auch *Guarneri Citati* (o. A. 14), 81, der freilich eben deshalb die Wendung verdächtigt, weil nach ihr die Teilung der *condemnatio* von der Belangung mehrerer Personen abhängig sei.

[54] Vgl. zur Interpolation die o. A. 29 genannte Literatur, ferner *Beseler* (o. A. 17), 98, *Ferrini* (o. A. 15), 568 A. 3, *Kaser*, Quanti (o. A. 3), 28 A. 26. Auch *Berger* (o. A. 11), 157 A. 3 kritisiert die Stelle, obschon er eine Haftungsteilung grundsätzlich zuläßt, nimmt aber an, daß die Kompilatoren hier der bei Paul. D. 39.3.11.3 überlieferten Ansicht Julians gefolgt seien. *Redenti* 27 ff., *Peters* (o. A. 12), 185 f. und wohl auch *Kaser* III, 151 A. 42 wollen hingegen den Text bewahren.

entsprechenden Wendung „*sive plurium fundus sit*" lediglich von der Erörterung der Gläubiger- zur Schuldnermehrheit über. Außerdem wäre die abschließende Entscheidung „*singuli in partem conveniantur et in partem fiat condemnatio*" mit einer gemeinsamen Inanspruchnahme kaum vereinbar.

4. Im Ergebnis bleibt festzuhalten, daß die Quellen zur *actio aquae pluviae arcendae* in ihrer Grundhaltung denen zur *vindicatio servitutis* gleichen. Sie enthalten zwar keinen Beleg prozeßverbindender Streitgenossenschaft, geben aber — von den Regeln der Konsumption einstweilen abgesehen[55] — auch keinen Anlaß, über die Zulässigkeit gemeinschaftlicher Prozeßführung mit größerer Zurückhaltung zu urteilen als bei der Servitutsklage oder der *rei vindicatio*. Soweit die Klassiker sich mit der Klagbefugnis eines Mitberechtigten oder der Belangung eines unter mehreren Schuldnern beschäftigen, gilt ihr Interesse auch hier nur dem Umfang von Klage und Geldurteil. Es beweist lediglich, daß man ein gemeinsames Vorgehen nicht erzwang.

§ 8. Die Streitgenossenschaft bei den Klagen aus Verbindlichkeiten auf unteilbare Leistungen

1. Nach der *vindicatio servitutis* und der *actio aquae pluviae arcendae* soll unsere Aufmerksamkeit schließlich noch den Klagen aus Verpflichtungen zu unteilbarer Leistung gelten, dem letzten Beispiel in der Reihe derjenigen Aktionen, bei denen über die Zulässigkeit der Streitgenossenschaft in der Literatur eben wegen der Unteilbarkeit der Leistung unterschiedliche Ansichten bestehen[1]. Dabei wiederholt sich die Erfahrung, daß die Quellen die Möglichkeit gemeinschaftlicher Prozeßführung weder belegen noch ausschließen. Sie beschäftigen sich auch hier mit dem Umfang von Klage und Geldurteil und in bestimmten Fällen zudem mit dem Bestand der Obligation.

2. Über die Rechtsstellung mehrerer Berechtigter gibt Paulus in D. 10.2.25.9 Auskunft:

> 23 ad ed.: An ea stipulatio, qua singuli heredes in solidum habent actionem, veniat in hoc iudicium, dubitatur: veluti si is qui viam iter actus stipulatus erat decesserit, quia talis stipulatio per legem duodecim tabularum non dividitur, quia nec potest. sed verius est non venire eam in iudicium, sed omnibus in solidum competere actionem et, si non praestetur via, pro parte hereditaria condemnationem fieri oportet.

---

[55] Dazu u. S. 65 f.

[1] Vgl. im allgemeinen die o. S. 33 f. angegebene Literatur zur *vindicatio servitutis* und die o. S. 46 genannten Autoren zur *actio aquae pluviae arcendae*, speziell zur Zulässigkeit der Streitgenossenschaft bei den unteilbaren Aktionen *Bethmann-Hollweg* 471 und *Kaser* III, 151 gegen *Redenti* 48 f. und *Pugliese* 277.

§ 8. Klagen aus Verbindlichkeiten auf unteilbare Leistungen   57

Der Jurist setzt in dieser Stelle seine bereits in den Paragraphen 7 und 8 begonnene Untersuchung zum Gegenstand der Erbteilungsklage fort. Dabei erfahren wir, daß man im Zweifel gewesen sei, ob eine Nachlaßforderung dann in das Auseinandersetzungsverfahren einbezogen werden müsse, wenn sie — wie etwa bei der unteilbaren Stipulation einer Wegeservitut[2] — jeden einzelnen Miterben des Gläubigers zur Klage auf das Ganze berechtige. Er selbst sei der Ansicht, daß es insoweit einer Auseinandersetzung nicht bedürfe. Jeder Miterbe könne ja die Bestellung der Servitut verlangen und, wenn der Schuldner dies verweigere, in der *condemnatio* eine seinem Erbteil entsprechende Quote fordern.

Diese Stelle bestätigt unsere bisherigen Erfahrungen in zweierlei Hinsicht. Zum einen belegt sie erneut, daß Formulierungen wie *„singuli heredes in solidum habent actionem"* von den Klassikern auch dann verwendet werden, wenn ihre Untersuchung einem anderen Ziel als der Streitgenossenschaft gilt. Zum anderen trifft sie zum Umfang von Klage und Geldurteil für die Stipulation einer Servitut dieselbe Entscheidung wie Ulpian in D. 8.5.4.3[3] für die *vindicatio servitutis*.

Ebenso wie gegen die Darstellung des Ulpian werden freilich auch gegen die Lösung des Paulus in der Literatur zumeist Bedenken erhoben[4]. Dabei erkennen ihre Kritiker durchaus an, daß die erhaltene Textfassung mit dem recht ausführlichen Anfang, mit der durch *„sed verius"* eingeleiteten Stellungnahme des Juristen und dem ausdrücklichen Hinweis auf die Zweifelhaftigkeit der Entscheidung hinreichende Anhaltspunkte für eine ältere, erst von den Kompilatoren gekürzte Kontroverse enthält[5]. Sie glauben jedoch, daß Gegenstand dieser Meinungsverschiedenheit — und folglich auch der Entscheidung —

---

[2] Gemeint ist wohl die Verpflichtung zur Bestellung einer Servitut, vgl. *Redenti* 48 f., *Guarneri Citati* (o. § 6 A. 17), 23 A. 1, *Segrè* (o. § 5 A. 5), 139 f., *Solazzi*, Iura 5 (1954), 127, allenfalls die Verpflichtung zur bloßen Gestattung des „*ire agere* etc." ohne Servitutsbestellung überhaupt; dazu *Solazzi* 126 ff. Anders denkt *Ehrhardt* (o. § 6 A. 16), 78 an eine durch Stipulation begründete, sog. prätorische Servitut, die aber in ihrer Existenz sehr umstritten ist, vgl. nur *Kaser* I, 445 und dort A. 62 m. w. N.

[3] Oben S. 34 ff.

[4] Vgl. *Krüger*, Digesta ad h. l., *Eisele*, SZ 30 (1909), 120 f., *Guarneri Citati* (o. A. 2), 47 ff., *Bonfante*, AG 85 (1921), 148 = Scritti III (1926), 373 f., *Betti* (o. § 5 A. 14), 20 A. 1, *Levy* (o. § 6 A. 18), 239 A. 6, *Korošec*, Die Erbenhaftung nach römischem Recht (1927), 54 A. 2, *Perozzi* (o. § 6 A. 58), 122 A. 2, *Segrè* (o. A. 2), 139 f.

[5] Vgl. *Krüger*, Festschrift Bekker (1907), 13 f., *Guarneri Citati* (o. A. 2), 47 ff. Daß der Text bearbeitet ist, zeigen etwa die jeweils in kurzem Abstand aufeinanderfolgenden „*quia-*" und „*sed-*"Sätze, von denen der zweite „*quia-*" Satz zudem äußerst ungeschickt formuliert ist. Auch wird am Schluß nur die „*via*" erwähnt, obschon es zu Anfang „*viam iter actus*" heißt; vgl. — auch zu weiteren Anständen — *Guarneri Citati* 49 ff., *Korošec* (o. A. 4), aaO.

die Frage nach dem Fortbestand oder Untergang der Obligation gewesen sei[6].

In der Tat hat Paulus im folgenden § 10 — für den Fall des Todes des Promissors — in dieser Hinsicht Bedenken geäußert[7]. Er mag daher auch erwogen haben, ob sich die Auseinandersetzung nicht schon deshalb erübrige, weil eine unteilbare Obligation unerfüllbar werde und erlösche, wenn der Stipulator mehrere Erben hinterlasse[8]. Er ist aber ebenso wie an anderer Stelle[9] dieser Überlegung jedenfalls nicht gefolgt. Denn die Frage *„an ea stipulatio, qua singuli heredes in solidum habent actionem, veniat in hoc iudicium"* setzt eine positive Entscheidung über den Fortbestand der Obligation gerade voraus.

Um so mehr Vertrauen verdient die überlieferte Lösung. Denn wenn ein einzelner Miterbe nicht nur die Bestellung der Servitut verlangen könnte, die vermöge ihrer Unteilbarkeit ohnehin allen Beteiligten gegenüber wirksam wäre, sondern in der *condemnatio* auch den vollen Ästimationsbetrag erhielte, müßte im Auseinandersetzungsverfahren für den Wertausgleich unter den Gemeinschaftern vorgesorgt werden. Dagegen erspart die Beschränkung des Geldurteils auf die Quote des Klägers eine besondere Interessenregelung[10]. Deshalb mag man wie bei der *vindicatio servitutis* oder der *actio aquae pluviae arcendae* zunächst zwar die erstgenannte Ansicht vertreten haben. Indessen hat man mit der Zeit wohl der Lösung des Paulus den Vorzug gegeben, weil man in freierer Auslegung der Formel die Überzeugung gewann, daß die Klage eines Miterben die Klagbefugnis der anderen nicht zwin-

---

[6] Vgl. *Guarneri Citati* (o. A. 2), 48 ff.; auf ihn beziehen sich auch *Korošec, Perozzi* und *Segrè*, jeweils o. A. 4, aaO. Zu der Kontroverse um den Fortbestand oder Untergang der Obligation vgl. Paul. D. 8.3.19, D. 45.1.2.2, D. 45.1.140.2, Pomp. D. 8.1.17, Marcell. D. 33.3.2; dazu u. S. 59 ff.

[7] Dazu u. S. 63 f.

[8] Vgl. Paul. D. 45.1.2.2: *„... sed quidam hoc casu extingui stipulationem putant, quia per singulos adquiri servitus non potest ..."*; ferner D. 8.3.19, D. 45.1.140.2.

[9] Vgl. die o. A. 8 genannten Belege.

[10] Entsprechend der Regel *„nomina ipso iure divisa"*, vgl. *Berger* (o. § 2 A. 23), 5 A. 5, *Binder* (o. § 6 A. 30), 445 f.; zur Regel *Kaser* I, 729, 733. Anders glaubt *Beseler*, SZ 46 (1926), 93 f., daß zwar die Stelle echt, die Lehre aber verfehlt und ursprünglich auch von Paulus unmittelbar anschließend widerlegt worden sei. Nur vor der Erbschaftsteilung stimme nämlich das Interesse jedes einzelnen Erben an der Servitut mit seiner Erbschaftsquote überein. Nach der Teilung sei hingegen allein derjenige an der Servitut interessiert, der das für die Servitut vorgesehene Grundstück erhalten habe. Indessen will Paulus nicht ausschließen, die Servitut im Erbteilungsverfahren zu berücksichtigen, wie dies in dem von *Beseler* vorgestellten Fall unschwer möglich ist. Er untersucht lediglich den Regelfall, in dem jeder Miterbe durch anteilsmäßige Aufteilung des Grundstücks auch Mitgläubiger der Forderung auf Servitutsbestellung wird.

§ 8. Klagen aus Verbindlichkeiten auf unteilbare Leistungen   59

gend konsumierte, und es daher ohne Nachteil zuließ, in der *condemnatio* lediglich das Interesse des Klägers zu berechnen[11].

Daß man in diesem Zusammenhang eine Aussage über die Zulässigkeit der Streitgenossenschaft nicht erwarten darf, brauchen wir nicht erneut zu betonen[12]. Doch wäre auch dann nicht anders zu entscheiden, wenn Paulus die Klagbefugnis jedes Miterben lediglich deshalb hervorgehoben hätte, um klarzustellen, daß er die Zweifel anderer am Fortbestand der Obligation nicht teile. Dies verdeutlichen Paul. D. 45.1.2.2 und Pomp. D. 8.1.17.

> Paul. D. 45.1.2.2 12 ad Sab.: Ex his igitur stipulationibus ne heredes quidem pro parte solvendo liberari possunt, quamdiu non eandem rem omnes dederint: non enim ex persona heredum condicio obligationis immutatur. et ideo si divisionem res promissa non recipit, veluti via, heredes promissoris singuli in solidum tenentur: sed quo casu unus ex heredibus solidum praestiterit, repetitionem habebit a coherede familiae erciscundae iudicio. ex quo quidem accidere Pomponius ait, ut et stipulatoris viae vel itineris heredes singuli in solidum habeant actionem: sed quidam hoc casu extingui stipulationem putant, quia per singulos adquiri servitus non potest: sed non facit inutilem stipulationem difficultas praestationis.

Paulus hatte im vorhergehenden Paragraphen zunächst teilbare und unteilbare Stipulationen unterschieden und von denen der ersten Art wieder diejenigen abgesondert, die zwar an sich teilbar, aber — wie etwa das Versprechen, einen Sklaven zu liefern — materiell nur im Ganzen erfüllbar sind. Nunmehr untersucht er, welche Folgen es habe, wenn der Stipulator oder der Promissor sterbe und mehrere Erben hinterlasse. War der Erblasser, so heißt es, Schuldner einer teilbaren, jedoch nicht teilweise erfüllbaren Obligation, so würden auch seine Er-

---

[11] Vgl. *Kaser* III, 151 und dort A. 40, und von den älteren *Binder* (o. A. 10), 446. Offenbar war also das „*quidquid ob eam rem dare facere oportet*" wie die Klausel „*quanti ea res erit*" biegsam genug, um eine *pluris petitio* auszuschließen. Dagegen hält *Redenti* 48 f. die Beschränkung der *condemnatio* auf das Eigeninteresse des Klägers wie bei der *vindicatio servitutis* für selbstverständlich, will aber die konsumierende Wirkung, die er der ersten Klage gleichwohl beimißt, wohl hier wie dort (o. § 6 A. 27) wenig überzeugend durch eine *replicatio rei iudicatae secundum socium* überwinden. Schließlich nimmt *Ehrhardt* (o. A. 2), 79 an, daß eine prätorische Servitut nur mit Hilfe von Interdikten geschützt werde und daher der letzte Satz von der Höhe des Sponsionsbetrages handelte, der jedenfalls nach der Erbschaftsquote bemessen sei; s. aber gegen ihn oben A. 2. Zur Formel vgl. *Lenel*, EP, 151 ff., während *Binder* 446 an die *condictio certi* denkt: „S. p. N^mN^m A°A° viam dare oportere", *Lenel* 240. Doch ist diese nur bei einer *stipulatio certae rei* gegeben, eine Wegeservitut aber wegen des sich erst aus weiteren Umständen ergebenden genauen Wegeverlaufs nicht aus sich heraus bestimmbar, vgl. Ulp. D. 45.1.75.7.

[12] Vgl. dazu oben S. 39 zur *vindicatio servitutis*, oben S. 51 zur *actio aquae pluviae arcendae*. Anders sehen *Redenti* 48 f. und *Pugliese* 277 hierin eine Bestätigung ihrer These, daß die Streitgenossenschaft bei den unteilbaren Obligationen unzulässig gewesen sei.

ben nur durch gemeinsame Leistung befreit, weil sich die Natur der Leistungspflicht durch den Erbfall nicht verändert habe. Ebenso hafte jeder, der den Promissor einer unteilbaren Leistung beerbe, einzeln auf das Ganze. Sterbe hingegen der Stipulator einer Wegeservitut[13], so sei es umstritten, ob jeder einzelne seiner Erben die Bestellung der Servitut verlangen könne, wie dies Pomponius meine[14]. Andere Juristen glaubten, daß die Stipulation erlösche, weil ein Miterbe allein ohne Mitwirkung der anderen gar nicht imstande sei, die Servitut zu erwerben. Er gebe aber jedenfalls der Ansicht des Pomponius den Vorzug, weil eine Stipulation nicht schon dadurch unwirksam werde, daß ihre Erfüllung Schwierigkeiten bereite.

An der Echtheit dieser Entscheidung zu zweifeln und insbesondere den uns zunächst interessierenden Kontroversenbericht über die Rechtslage beim Tode des Stipulators einer unteilbaren Leistung in Frage zu stellen, besteht um so weniger Anlaß[15], als die Ansicht des Pomponius auch an anderer Stelle erhalten ist:

Pomp. D. 8.1.17 sing. regul.: *Viae itineris actus aquae ductus pars in obligationem deduci non potest, quia usus eorum indivisus est: et ideo si stipulator decesserit pluribus heredibus relictis, singuli solidam viam petunt: et si promissor decesserit pluribus heredibus relictis, a singulis heredibus solida petitio est.*

Pomponius hat hiernach die Unteilbarkeit einer Servitutsstipulation[16] aus der Unteilbarkeit der Servitutsausübung hergeleitet und aus die-

---

[13] Wie in Paul. D. 10.2.25.9 (o. A. 2) ist hier vermutlich an eine Verpflichtung zur Bestellung einer Servitut gedacht, da Paulus diese *„stipulatio viae vel itineris"* von jener Stipulatio *„per te non fieri neque per heredem tuum, quo minus mihi ire agere liceat"* in D. 45.1.2.5/6, also der Verpflichtung, die Ausübung des *„ire agere"* zu gestatten, deutlich unterscheidet, vgl. *Guarneri Citati* (o. A. 2), 23 A. 1, *Solazzi* (o. A. 2), 127 f. Anders denkt *Ehrhardt* (o. A. 2), 78 f. auch hier wohl an die prätorische Servitut.

[14] Pomp. D. 8.1.17; dazu sogleich im Text.

[15] Sachliche Bedenken werden denn auch in der Literatur nur im Hinblick auf die in dem Satz *„sed quo casu — iudicio"* erörterte Regreßmöglichkeit erhoben, und zwar vor allem deshalb, weil sich die folgenden Worte *„ex quo quidem accidere ..."* nicht auf die Regreßmöglichkeit, sondern auf die zuvor behandelte Solidarhaftung aller Miterben des Promissors bezögen, *Guarneri Citati* (o. A. 2), 189 und dort A. 2, *Beseler* (o. A. 10), 99 f.; erst Justinian habe den Gesamtschuldnern generell ohne Rücksicht auf ihr Innenverhältnis ein Rückgriffsrecht gewährt, *Perozzi* (o. A. 4), 123 A. 1. Dagegen wollen *Binder* (o. A. 10), 291 und dort A. 36, *Berger* (o. A. 10), 158 A. 3, 185 A. 4, *Ehrhardt* (o. A. 2), 87 A. 1, *Kaser* I, 659 A. 39, diese Stelle bewahren; auch *Beseler*, aaO., der allzu radikal an zahlreiche weitergehende Textveränderungen glaubt, läßt den Sinn der Stelle im Ganzen unverändert. Vielleicht haben die Kompilatoren den Schlußteil von *„sed quidam"* an sprachlich umgeformt und etwa die ursprünglich anstelle des *„quidam"* aufgeführten Juristennamen getilgt, *Guarneri Citati* 48 A. 1, *Solazzi* (o. A. 2), 133. In der Sache ist die Überlieferung jedenfalls wohl verläßlich.

[16] Die Worte *„viae ... pars in obligationem deduci non potest"* legen es nahe, hier wie in Paul. D. 45.1.2.2 (o. A. 13) an die Verpflichtung zur Bestel-

§ 8. Klagen aus Verbindlichkeiten auf unteilbare Leistungen 61

sem Umstand überdies gefolgert, daß jeder einzelne unter den Erben des Stipulators ebenso wie dieser auf das Ganze klagen könne. Entsprechend sei auch jeder Miterbe des Promissors einzeln in vollem Umfang haftbar[17].

Sowohl Paulus wie Pomponius betonen die Klagbefugnis — oder die Haftung — jedes einzelnen Miterben nicht deshalb, um die Unzulässigkeit der Streitgenossenschaft herauszustellen[18]. Sie geben nur ihrer Überzeugung Ausdruck, daß bei unteilbaren Obligationen Rechte und Pflichten der ursprünglichen Beteiligten unverändert auf deren Erben übergingen[19]. Eher könnte man sogar fragen, warum denn jene Juristen nicht die Streitgenossenschaft erwähnten, die der Ansicht waren, daß eine unteilbare Stipulation einem einzelnen Miterben des Stipulators gegenüber nicht erfüllt werden könne und folglich untergehe. Doch hängt auch ihre Entscheidung, wie Paul. D. 8.3.19 zeigt, nicht von der Zulässigkeit oder Unzulässigkeit gemeinschaftlicher Klage ab:

> Paul. D. 8.3.19 6 ad Sab.: Si unus ex sociis stipuletur iter ad communem fundum, inutilis est stipulatio, quia nec dari ei potest: sed si omnes stipulentur sive communis servus, singuli ex sociis sibi dari oportere petere possunt, quia ita dari eis potest: ne, si stipulator viae plures heredes reliquerit, inutilis stipulatio fiat.

Weil ein einzelner Miteigentümer der Zustimmung der anderen bedarf, wenn er für das Grundstück eine Wegeservitut erwerben will,

---

lung einer Servitut und nicht bloß zur Gestattung des „*ire agere etc.*" zu denken; so im Ergebnis auch *Solazzi* (o. A. 2), 127, 143 f., der zwar die Vokabel „*obligationem*" durch „*mancipationem*" ersetzen will, aber die im Text folgende Erörterung über die Stipulation bewahrt.

[17] Sachliche Bedenken werden gegen die Echtheit dieser Stelle außer von *Solazzi* — dazu o. A. 16 —, soweit ersichtlich, nicht erhoben. Doch macht die Behandlung einer Servitutsstipulation im Schlußteil der Stelle ihre Erörterung auch am Anfang wahrscheinlich.

[18] Anders wollen *Saleilles*, Essai d'une théorie générale des obl. d'après le C. civ. all., 147 A. 131, *Kleyer*, Des obl. div. et indiv. (1873), *Giorgi*, Obbl., 5. Aufl., I, n. 259 und nota 1, S. 292, zitiert nach *Redenti* 49 A. 71, nach dessen Darstellung in Paul. D. 45.1.2.2 sogar einen Beleg notwendiger Streitgenossenschaft sehen. Doch daß die Erben des Promissors einer zwar teilbaren, aber nur im Ganzen erfüllbaren Stipulation ihre Leistung gemeinsam erbringen müßten — daran könnte man in diesem Zusammenhang allenfalls denken — macht diese nicht zu notwendigen Streitgenossen; der Prätor wäre nicht gezwungen, die Klage gegen einen Miterben allein zu denegieren. Paulus erörtert ausschließlich die materielle Rechtslage, nach der die Beteiligten allerdings nur dann befreit werden, wenn alle ihren Teil zu leisten bereit sind; vgl. auch *Redenti*, aaO. und zur notwendigen Streitgenossenschaft u. S. 83 ff.

[19] In diesem Zusammenhang ist für Paulus und Pomponius die Höhe der *condemnatio* ohne Bedeutung und wird daher auch nicht erörtert. Nur aus den Worten „*sed quo casu unus ex heredibus solidum praestiterit*" in Paul. D. 45.1.2.2 geht hervor, daß Paulus im Falle mehrerer Verpflichteter — wie in D. 10.2.25.10; u. S. 63 f. — für eine Verurteilung auf das Ganze eintrat. Wie er im Falle mehrerer Berechtigter entschied und welche Lösung Pomponius vertrat, geht aus diesen beiden Stellen nicht hervor.

kann er sich dies im Hinblick auf die Regel „*impossibilium nulla obligatio est*"[20] auch nicht wirksam versprechen lassen. Doch kann jeder einzelne von ihnen die Servitutsbestellung fordern, wenn das Versprechen allen Miteigentümern oder ihrem gemeinsamen Sklaven gegenüber abgegeben worden ist[21]. Deshalb soll nach Paulus die Stipulation selbst in den Fällen wirksam bleiben, in denen die Servitut einem Alleineigentümer versprochen worden ist, dieser jedoch vor der Erfüllung stirbt und mehrere Erben hinterläßt. Wenn andere Juristen hier den Untergang der Forderung für unvermeidlich halten, so haben diese offenbar allein an die Regel gedacht[22].

Wie bei der *vindicatio servitutis* oder der *actio aquae pluviae arcendae* ist daher in der Betonung der Klagbefugnis eines einzelnen Miteigentümers nicht zugleich ein Urteil über die Unzulässigkeit der Streitgenossenschaft enthalten. Ebensowenig ist zu erkennen, inwiefern die Möglichkeit gemeinschaftlicher Klage davon abhängen sollte, welche Ansicht man zum Umfang von Klage und Geldurteil vertrat oder wie man sich in der Kontroverse um den Fortbestand der Obligation nach dem Tode des Stipulators entschied. Die Quellen belegen nur, daß man ein gemeinsames Vorgehen nicht erzwang, und geben jedenfalls keinen Anlaß, die Zulässigkeit der Streitgenossenschaft hier für weniger wahrscheinlich zu halten als bei den bisher erörterten Klagen[23].

3. Ebensowenig wie die Quellen die These belegen, daß mehrere Gläubiger einer unteilbaren Leistung nur getrennt voneinander klagen könnten, so wenig zwingen sie zu der Annahme, daß es im Falle mehrerer Schuldner keinen anderen Weg gegeben habe, als die Leistung von einem einzelnen zu fordern. Dies haben Paul. D. 45.1.2.2 und Pomp. D. 8.1.17 bereits erkennen lassen[24]. Ebendies gilt auch für

---

[20] Vgl. dazu nur *Kaser* I, 489 f.

[21] In diesen Fällen ist die Obligation wirksam entstanden, kann jedoch nur bei Mitwirkung aller Gläubiger erfüllt werden. Ist aber die Leistung objektiv möglich und nur der Schuldner — mangels Mitwirkung der übrigen Gläubiger — persönlich zur Leistung nicht imstande, so bleibt die Verpflichtung gleichwohl bestehen, vgl. *Kaser* I, 490 und dort A. 19.

[22] Vgl. Paul. D. 45.1.140.2: „*etsi placeat extingui obligationem, si in eum casum inciderit, a quo incipere non potest, non tamen hoc in omnibus verum est. ecce stipulari viam iter actum ad fundum communem socius non potest, et tamen si is, qui stipulatus fuerat, duos heredes reliquerit, non extinguitur stipulatio*". Wenn man — wie offenbar die anderen Juristen — annimmt, daß eine Stipulation in jedem Fall erlösche, in dem sie nicht auch hätte begründet werden können, so könnte auch die Vereinigung aller Miteigentümer in gemeinsamer Klage die Entscheidung jener Juristen nicht beeinflussen.

[23] Vgl. o. A. 12 und *Kaser* III, 151 f.

[24] Oben S. 59 ff.

§ 8. Klagen aus Verbindlichkeiten auf unteilbare Leistungen 63

Paul. D. 10.2.25.10. Hier setzt der Jurist die in § 9 eodem[25] begonnene Untersuchung darüber fort, ob unteilbare Obligationen im Erbteilungsverfahren berücksichtigt werden müßten:

> Paul. D. 10.2.25.10 23 ad ed.: Contra si promissor viae decesserit pluribus heredibus institutis, nec dividitur obligatio nec dubium est quin duret, quoniam viam promittere et is potest, qui fundum non habet. igitur quia singuli in solidum tenentur, officio iudicis cautiones interponi debere, ut, si quis ex his conventus litis aestimationem praestiterit, id pro parte a ceteris consequatur.

Wenn der Promissor — und nicht der Stipulator — einer Wegeservitut sterbe und mehrere Erben hinterlasse[26], werde, so heißt es, weder die Obligation geteilt noch ihr Fortbestand in Zweifel gezogen[27]. Auch derjenige könne ja eine Servitut versprechen, der gar kein Grundstück habe. Infolgedessen hafte jeder Miterbe auf den ganzen Betrag. Deshalb müsse der Teilungsrichter anders als in dem zuvor in § 9 untersuchten Fall auf gegenseitige Kautionen dringen, um demjenigen unter ihnen, der tatsächlich in Anspruch genommen werde, den Regreß zu sichern[28].

---

[25] Oben S. 56 ff.

[26] Wie in Paul. D. 10.2.25.9 handelt es sich auch hier um eine Verpflichtung zur Bestellung einer Servitut; vgl. die o. A. 2 genannten Autoren; anders wie dort *Ehrhardt* (o. A. 2), 85 ff.

[27] Dazu näher o. S. 59 ff. *Guarneri Citati* (o. A. 2), 53 nimmt freilich an den Worten „*nec dividitur obligatio*" Anstoß, weil auch nach dem überlieferten Text des vorangegangenen § 9 allenfalls die *condemnatio* teilbar sei; er bemängelt zudem, daß der logisch vorrangige Gedanke „*nec dubium est quin duret*" erst an zweiter Stelle stehe. Doch mag auch die Formulierung nicht korrekt sein und auf eine sprachliche Umformung deuten, sachlich unterscheidet sich die Teilung der *obligatio* in diesem Zusammenhang nicht wesentlich von der Teilung der *condemnatio*, weil auch letztere entsprechend der Regel „*nomina ipso iure divisa*" eine Regreßregelung im Teilungsverfahren erspart, vgl. o. A. 10. Die Reihenfolge der Argumente erklärt sich zwanglos etwa aus ihrer Häufigkeit in der Diskussion.

[28] Anders als im Falle mehrerer Berechtigter deckt sich hier das Interesse des Klägers mit dem objektiven Wert der Leistung, so daß man an der Solidarverurteilung jedes einzelnen festhielt. Dementsprechend werden gegen die überlieferte Lösung auch keine grundsätzlichen Bedenken erhoben. *Beseler* (o. A. 10), 93 f. etwa bemängelt — von seiner These aus (o. A. 10) folgerichtig — das „*contra*" zu Beginn der Stelle. *Perozzi* (o. A. 4), 123 A. 1 kritisiert wie in Paul. D. 45.1.2.2 (o. A. 15) den Hinweis auf die Regreßmöglichkeit, mit der wiederum die gegenseitige Kaution im Zusammenhang stünde, und tilgt daher den Schluß ab „*igitur*"; im Ergebnis ebenso *Ehrhardt* (o. A. 2), 85 ff. Indes bilden gerade die Kautionen für den künftigen Regreß unter den Schuldnern den einzigen Grund, der die Berücksichtigung dieser Stipulation im Erbauseinandersetzungsverfahren nach dem Tode des Promissors erfordert. Dabei sollte gegen *Binder* (o. A. 10), 289 f. und *Krüger*, Dig. ad h. l., die unter Hinweis auf Iust. C. 8.40.28 den Schluß der Stelle ab „*si quis ex his*" bzw. ab „*litis*" tilgen, ein Ausgleich wohl nur für tatsächlich erbrachte Leistungen erfolgen; vgl. *Berger* (o. A. 10), 149 A. 1, *Guarneri Citati* (o. A. 2), 189 A. 2, *Beseler*, aaO., *Bonfante*, Scritti III (1926), 375 A. 1.

Paulus spricht also von der Solidarhaftung jedes einzelnen Miterben, weil sie den Richter im Teilungsverfahren nötigt, für den Wertausgleich unter den Gemeinschaftern vorzusorgen. Er begründet sie zutreffend damit, daß der Tod des Promissors die Obligation nicht verändere, weil man eine Servitut selbst dann versprechen könne, wenn man gar kein Grundstück habe. Denn wenn eine Leistung nicht objektiv, sondern nur dem Schuldner persönlich unmöglich ist, wird sie nach allgemeinen Grundsätzen gleichwohl geschuldet[29].

In diesem Zusammenhang darf man eine Darstellung der Streitgenossenschaft gewiß nicht erwarten. Doch gelten die Überlegungen zur Zulässigkeit einer gemeinsamen Klage aller Gläubiger entsprechend auch hier[30].

4. Nach allem ist festzustellen, daß die Quellen von der Zulässigkeit der Streitgenossenschaft bei den unteilbaren Obligationen ein ähnliches Bild zeichnen wie bei der *vindicatio servitutis* oder der *actio aquae pluviae arcendae*: wir besitzen zwar keinen Beleg für die Möglichkeit gemeinschaftlicher Prozeßführung, haben aber auch keinen Grund, über diese Frage hier zurückhaltender zu urteilen als bisher[31].

§ 9. Ergebnis:
Die Zulässigkeit der prozeßverbindenden Streitgenossenschaft
Quellenbestand und Kritik

Wenn wir den Umstand im Auge behalten, daß sich nur wenige Stellen ausdrücklich mit der Streitgenossenschaft befassen und daher in besonderem Maße die Gefahr besteht, daß die Richtigkeit unserer Darstellung vom Zufall der Überlieferung abhängt, können wir die gewonnenen Ergebnisse wie folgt zusammenfassen:

1. Mit dem Formularprozeß und seinen Regeln war es grundsätzlich vereinbar, daß auf der Aktiv- oder Passivseite des Verfahrens mehrere Personen teilnahmen, indem der Prätor ihnen eine gemeinsame Formel erteilte und alle gemeinschaftlich die *litis contestatio* vollzogen[1].

2. Soll im Einzelfall eine Streitgenossenschaft gebildet werden, so muß der Prätor zunächst für jeden Beteiligten die allgemeinen Prozeßvoraussetzungen prüfen, deren Erfüllung er auch von einem einzelnen

---

[29] Vgl. o. A. 21.
[30] Vgl. o. A. 23.
[31] Vgl. zur *vindicatio servitutis* o. S. 45, zur *actio aquae pluviae arcendae* o. S. 56, *Bethmann-Hollweg* 471, *Kaser* III, 151; zur Frage der Konsumption s. u. S. 65 f.
[1] Oben § 3.

§ 9. Ergebnis — Quellenbestand und Kritik

Kläger oder Beklagten regelmäßig fordert[2]. Weiterhin wird er verlangen, daß alle Beteiligten gemeinschaftlich vor ihm erscheinen, um die Streiteinsetzung vorzunehmen, weil die nachträgliche Erweiterung des Verfahrens auf andere Personen außer in den eng umgrenzten Fällen der *translatio iudicii* offenbar unbekannt war[3]. Schließlich hat er wohl jedenfalls summarisch außerdem noch untersucht, ob die Beteiligten auch aus demselben rechtlichen Grunde aktiv- oder passivlegitimiert waren. Dann kam er für alle mit derselben Musterformel aus, wenn sie anstelle des Namens eines einzelnen Klägers oder Beklagten die Namen aller enthielt[4].

3. Weitere Voraussetzungen, die in dem streitigen Rechtsverhältnis selbst zu suchen wären, haben offenbar nicht bestanden. Zumindest besitzen wir kein Zeugnis, das die Streitgenossenschaft von bestimmten Rechtsverhältnissen ausdrücklich ausnähme. Auch die von einem Teil der Literatur vertretene Ansicht, daß eine Parteienmehrheit ausschließlich bei den teilbaren Aktionen zulässig gewesen sei[5], hat sich nicht erweisen lassen. Dies ist am Beispiel der *rei vindicatio*[6], der *vindicatio servitutis*[7], der *actio aquae pluviae arcendae*[8] und der Klagen aus einer Verpflichtung zu unteilbarer Leistung[9] deutlich geworden. Soweit die Klassiker sich hier mit der Klagbefugnis eines Mitberechtigten und der Haftung eines einzelnen Mitschuldners oder Mitbesitzers besonders beschäftigen, geschieht dies nicht, weil es keinen anderen prozessualen Weg gegeben hätte. Ihr Interesse gilt allein der Frage, ob die Klage und das Geldurteil auf den Kopfteil des Klägers oder des Beklagten zu beschränken sei, und ob eine unteilbare Obligation nicht sogar untergehe, wenn der Gläubiger oder der Schuldner mehrere Erben hinterlasse. Im übrigen zeigen die Quellen nur, daß man auch bei den Arbiträrklagen wie etwa der *vindicatio servitutis* oder der *actio aquae pluviae arcendae*, bei denen die Naturalrestitution unteilbar ist und deshalb notwendig gegenüber allen Beteiligten wirkt, eine gemeinsame Klage oder Belangung jedenfalls nicht erzwang.

Dabei ist freilich aus Mangel an Belegen bisher die Frage offengeblieben, ob nicht die Regeln der Konsumption einer Parteienmehrheit entgegenstehen könnten. Indessen ist es wenig überzeugend, wenn

---

[2] Oben § 4 und dort A. 1.
[3] Oben § 4 und dort A. 2 f.
[4] Oben § 4 und dort A. 4.
[5] So aber *Redenti* 13 ff., 43 ff., *Pugliese* 274 ff.; oben § 4 und dort A. 5 f.
[6] Oben § 5.
[7] Oben § 6.
[8] Oben § 7.
[9] Oben § 8.

Redenti[10] hierzu ausführt, daß die Parteienmehrheit bei den Gesamtobligationen und den unteilbaren Rechtsverhältnissen in gleichem Maße unzulässig sei, wie die Konsumption des Klagerechts oder die *exceptio rei iudicatae vel in iudicium deductae* die Wiederholung des Verfahrens durch einen anderen Beteiligten hindere. Die Beteiligung mehrerer Personen auf der Aktiv- oder Passivseite des Verfahrens wäre einer Wiederholung doch nur dann vergleichbar, wenn in beiden Fällen derselbe Anspruch mehrfach zur Entscheidung stände. Tatsächlich aber macht es gerade das Wesen der Gesamtobligationen aus, daß jeder Gläubiger von jedem Schuldner die gesamte Leistung fordern kann, so wie bei den unteilbaren Aktionen *in rem* jeder Mitberechtigte klagebefugt und jeder Mitbesitzer passiv legitimiert ist, obgleich die Leistung nur einmal erbracht zu werden braucht. Daher entspräche eine Streiteinsetzung mit allen Beteiligten exakt dem materiellen Recht. Sie würde weder ein Zweitverfahren über denselben Anspruch enthalten noch — wie wir bei der Erörterung des Verfahrens vor dem Urteilsgericht genauer sehen werden[11] — für die Streitgenossen zu einer Kumulierung ihrer Rechte und Pflichten aus dem Urteil führen[12].

Dieser Feststellung widerspricht auch der Umstand nicht, daß mehrere gleichzeitige Popularklagen[13] nach Paul. D. 47.23.2 und Ulp. D. 9.3.5.5, D. 43.29.3.12, D. 47.12.3.pr. sowie D. 47.23.3.1 unzulässig sind. Entgegen *Redenti*[14] stehen die Entscheidungen von Paulus und Ulpian in keinerlei Zusammenhang mit den Regeln der Konsumption. Sie behandeln vielmehr die Konkurrenz mehrerer Personen, die sich aus unterschiedlichen Gründen als Repräsentanten der Allgemeinheit zur Klage berufen fühlen. Dabei bestimmen sie, daß der Prätor aus ihrem Kreis denjenigen als Kläger auswählen solle, den er für den geeignet-

---

[10] *Redenti* 43 ff., 53; ihm folgt *Pugliese* 277.
[11] Unten S. 68 ff.
[12] Vgl. zur Streitgenossenschaft bei den unteilbaren Rechtsverhältnissen *Bethmann-Hollweg* 467 ff., *Arangio-Ruiz* (o. § 2 A. 6), 242 ff., *Wenger* 79 ff., *Kreller*, SZ 49 (1929), 513 f., *Kaser* III, 151 f. und insbesondere zur Parteienmehrheit bei den teilbaren Gesamtobligationen *Levy* (o. § 2 A. 7), *Kerr Wylie* (o. § 2 A. 9), *La Rosa* (o. § 2 A. 14), *Medicus* (o. § 2 A. 14), jeweils aaO. Hingegen sucht *Redenti* 52 deutliche Zeugnisse wie etwa Paul. D. 17.1.59.3 und Ulp. D. 49.1.10.3, die sich auf teilbare Gesamtobligationen beziehen und auf einen gemeinsamen Streit hinweisen, so zu erklären, daß sich das ursprüngliche Gesamtrechtsverhältnis durch die Klagerhebung ipso iure in mehrere Teilrechtsverhältnisse verwandele; vgl. auch *Bethmann-Hollweg* 473. Doch ist seine Ansicht wenig überzeugend und überdies allenfalls von dogmatischem Interesse, so schon *Arangio-Ruiz* 242; näheres u. S. 67, 68 ff.
[13] Dies sind Klagen aus Delikten, die zwar gegen die Allgemeinheit gerichtet sind, aus denen aber „*cuivis ex populo*" eine *actio* erteilt wird; vgl. *Kaser* I, 610, III, 255 und dort A. 44 m. w. N., insbesondere *Casavola*, Studi sulle azioni popolari romane, Le „actiones populares" (1958).
[14] *Redenti* 53 und dort A. 79.

§ 9. Ergebnis — Quellenbestand und Kritik

sten[15] oder den interessiertesten[16] halte oder dessen Grund ihm der gerechteste erscheine[17]. Eine derartige Auswahl auch unter den Beteiligten eines Gesamtrechtsverhältnisses zu treffen, wäre ebensowenig möglich wie umgekehrt mehrere Popularklagen *„ex eadem causa"* denkbar sind, da dem *„quivis ex populo"* von vornherein ein speziell bestimmtes Recht zur Klage fehlt[18].

Nach allem besteht kein Anlaß, die Streitgenossenschaft auf bestimmte Aktionen zu beschränken. Außer den Regeln der Konsumption gibt es keinen Grund, der ernsthaft in Betracht käme und das Bild korrigieren könnte, das wir aus den Quellen gewonnen haben. Das gilt auch für den Einwand *Bethmann-Hollwegs*[19] und *Redentis*[20], eine teilbare Gesamtobligation werde zwangsläufig in Teilforderungen aufgeteilt, wenn man die Namen aller Gläubiger oder Schuldner in einer gemeinsamen Formel durch ein *„et"* miteinander verbinde. Selbst wenn die Überlegung richtig wäre[21], würde hieraus nicht die Unzulässigkeit der Streitgenossenschaft bei den teilbaren Gesamtobligationen folgen. Sie würde nur den Einfluß deutlich machen, dem das Rechtsverhältnis gerade im Falle der Parteienmehrheit unterläge.

---

[15] Vgl. Paul. D. 47.23.2: *„praetor eligat idoneiorem"*.

[16] Vgl. Ulp. D. 9.3.5.5: *„ei potissimum dari debere cuius interest"*, Ulp. D. 43.29.3.12: *„eligendus est a praetore, ad quem maxime res pertinet vel is qui idoneior est"*.

[17] Vgl. Ulp. D. 47.12.3.pr.: *„cuius iustissima causa esse videbitur, ei agendi potestatem faciam"*.

[18] Vgl. gegen *Redenti* schon *Arangio-Ruiz* (o. A. 12), 242. Darüber hinaus läßt Ulp. D. 47.12.3.9 erkennen, wie die Klassiker entschieden hätten, wenn mehrere Personen gleichmäßig interessiert gewesen wären: *„Si ad plures ius sepulchri pertineat, utrum omnibus damus actionem an ei qui occupavit? Labeo omnibus dandam dicit recte, quia in id quod uniuscuiusque interest agitur."* Hiernach können mehrere Grabberechtigte die — subsidiär auch jedem anderen verheißene — actio de sepulchro violato ihrem pönalen Charakter entsprechend sogar kumulativ erheben; vgl. *Levy* (o. A. 12), 510.

[19] *Bethmann-Hollweg* 473.

[20] Vgl. o. A. 12.

[21] Nach unserer Ansicht teilt die *intentio* *„si paret Numerium Negidium Titio et Seio"* oder *„Gaium et Sempronium Aulo Agerio sestertium X milia dare oportere"* — so *Bethmann-Hollweg* 473 — die Forderung nicht. Sie führt vielmehr zu einem Urteil über die gesamte Summe, so daß der Umfang der Beteiligung jedes einzelnen Gläubigers oder Schuldners erst in der *actio iudicati* deutlich wird; dazu u. S. 68 ff. Damit entfallen zugleich die Bedenken *Dernburgs* (o. § 2 A. 4), aaO., der der gemeinsamen Belangung mehrerer Schuldner aus einer teilbaren Gesamtobligation entgegenhält, daß eine korreale Verurteilung für die Vollstreckung zu unbestimmt sei. Zu Unrecht will er seine Ansicht auch auf Alex. C. 5.57.1 und Ulp. D. 45.2.3.1 stützen. Alex. C. 5.57.1 bestreitet nur, daß man sowohl den Hauptschuldner wie den Bürgen auf das Ganze verklagen könne, und Ulp. D. 45.2.3.1 besagt nicht mehr, als daß man, statt von einem der Beteiligten den gesamten Betrag zu verlangen, auch von jedem seine Quote fordern könne. Die gemeinsame Belangung mehrerer Gesamtschuldner wird dem Gläubiger hierdurch nicht verwehrt, vgl. auch *Levy* (o. A. 12), 197 A. 6.

2. Abschnitt

Die Wirkungen der prozeßverbindenden Streitgenossenschaft
Das Verfahren vor dem Urteilsgericht

§ 10. Allgemeines

Wie über das Verfahren vor dem Gerichtsmagistrat, in dem dieser die Streitgenossenschaft zuläßt, indem er allen Beteiligten eine gemeinsame Formel erteilt und alle gemeinschaftlich die *litis contestatio* vollziehen, sind wir auch über den Verfahrensablauf vor dem Urteilsgericht nur unzulänglich unterrichtet.

Dies mag sich einerseits daraus erklären, daß die römischen Juristen den wesentlichsten Teil dieses Verfahrensabschnitts, das Beweisverfahren, von vornherein mehr dem Bereich des Faktischen zugerechnet haben[1]. Zum anderen wird der Grund auch hier darin zu suchen sein, daß die Beteiligung mehrerer Personen regelmäßig keine besonderen Schwierigkeiten barg. Beispielsweise konnte eine Beweisaufnahme ebensogut gemeinschaftlich durchgeführt werden, wenn dies dem Richter nützlich erschien.

Einige wenige Belege besitzen wir nur für den Teil des Verfahrens, in dem die Beteiligung mehrerer Personen zugleich am deutlichsten in Erscheinung trat: im Urteil.

§ 11. Das Urteil

1. Ob und in welcher Form ein gemeinsames Verfahren auch mit einem gemeinsamen Urteil abgeschlossen werden konnte, können wir dank einer klassischen Kontroverse wenigstens in einem Fall mit Sicherheit beantworten. Paul. D. 17.1.59.3, Ulp. D. 49.1.10.3, Paul. D. 42.1.43 und Gord. C. 7.55.2 erörtern nämlich die Frage, ob Schuldner einer teilbaren Gesamtobligation, die gemeinschaftlich auf den Gesamtbetrag verurteilt worden sind, auch in der *actio iudicati* auf das Ganze oder nur noch auf ihre Quote haften müßten.

---

[1] Vgl. nur *Kaser* III, 272 f., 276 und dort A. 2 m. w. N., insbesondere *Pugliese*, Jus 11 (1960), 386 ff. = Rec. Soc. Jean Bodin 16 (1964), 277 ff.

§ 11. Das Urteil

In D. 17.1.59.3 behandelt Paulus das Kreditmandat:

4. resp.: Paulus respondit unum ex mandatoribus in solidum eligi posse, etiamsi non sit concessum in mandato: post condemnationem autem in duorum personam collatam necessario ex causa iudicati singulos pro parte dimidia conveniri posse et debere.

Jemand hat im Auftrag zweier Personen einem Dritten ein Darlehen gewährt[1], hat es von diesem aber nicht zurückerhalten. Daher könne er, so heißt es, auch ohne besondere Vereinbarung[2] von einem seiner beiden Auftraggeber die Erstattung des gesamten Betrages verlangen; habe er aber beide verklagt und ein Urteil über die gesamte Summe erreicht, könne und dürfe er in der *actio iudicati* jeweils nur noch den Kopfteil fordern.

Offenbar geht Paulus davon aus, daß der Gläubiger hier statt eines einzelnen Auftraggebers auch beide, und zwar gemeinsam als Streitgenossen, in Anspruch nehmen konnte, weil man an der rechtlichen Qualifikation der Judikatsschuld gewiß nicht gezweifelt hätte, wenn das Urteil auf unabhängige Teilklagen hin ergangen wäre. Zugleich weist die Frage nach dem Umfang der *actio iudicati* in diesem Zusammenhang darauf hin, daß das ursprüngliche Gesamtschuldverhältnis noch der Umsetzung in konkrete Einzelhaftung bedurfte, die beiden Auftraggeber also gesamtschuldnerische Streitgenossen waren und nicht — wie *Redenti*[3] annimmt — bereits durch die gemeinschaftliche Belangung zu Teilschuldnern geworden sind[4]. Dabei ist es immerhin wahrscheinlich, daß der Jurist das Kreditmandat als Konsumptionsverhältnis angesehen hat[5]. Dies zeigt nicht nur die Wendung „*unum ex*

---

[1] So schon *Cuiacius* (o. § 2 A. 1), Comm. in lib. IV resp. Julii Pauli ad h. l. und etwa *Levy* (o. § 2 A. 7), 196 f., 197 A. 6, *Liebs* (o. § 5 A. 25), 64 A. 131.

[2] Offenbar ist eine solche Vereinbarung vielfach üblich gewesen, *Levy* (o. A. 1), 196 f. Abweichend will *Binder* (o. § 6 A. 30), 352, die Vokabel „concedere" mit „zusammengehen" übersetzen und also die Entscheidung auch auf den Fall getrennten Mandats beziehen; dagegen zu Recht schon *Levy* 197 A. 3.

[3] *Redenti* 52, vgl. § 9 A. 12.

[4] Vgl. insbesondere *Levy* (o. A. 1), 197 A. 6; ferner *Bethmann-Hollweg* 475 f., *Wenger*, Zur Lehre von der actio iudicati (1901), 74 A. 14, *La Rosa* (o. § 2 A. 14), 209 ff., *Medicus*, SZ 81 (1964), 264, *Kaser* III, 299 A. 22, *Schindler*, Zum Problem byzantinischer Bearbeitungen im ersten Codex, St. Volterra 2 (1971), 378, *Liebs* (o. A. 1), 64 A. 131, 180 A. 290.

[5] Allerdings wird verschiedentlich angenommen, daß beim Kreditmandat schon die Klassiker die Solutionskonkurrenz der sonst üblichen Konsumptionskonkurrenz vorgezogen hätten, vgl. etwa *Bortolucci*, Bull. 28 (1915), 208, *Beseler*, St. Bonfante II (1930), 74, *Marrone*, APal. 24 (1955), 151 ff., *Arangio-Ruiz*, Istituzioni di diritto romano, 14. Aufl. (1960), 423, *Kaser* I, 659 und dort A. 30, II, 332 f., III, 234 A. 41, *Liebs* (o. A. 1), 64, 184 ff. Diese Ansicht gründet sich insbesondere auf Pap. D. 46.1.52.3 und Diocl. C. 8.40.23, zumal selbst Justinian C. 8.40.28.pr. davon spricht, daß schon vor ihm keine Konsumptionskonkurrenz gegolten habe; zu diesen Stellen nunmehr vor allem *Liebs*

mandatoribus in solidum eligi posse"[6]. Vor allem würde kaum ein Gläubiger die beiden Schuldner gemeinschaftlich belangen, wenn er sie in der *actio iudicati* nur noch in Höhe ihrer Quote in Anspruch nehmen könnte, obwohl sie ihm einzeln bis zur vollen Befriedigung haften. Sind sie dagegen Schuldner *de eadem re,* so teilt der Gläubiger, indem er sie vereint belangt, jedenfalls das Risiko ihrer Insolvenz.

Allerdings verdächtigt *Biondi*[7] aus prinzipiellen Erwägungen den zweiten Teil der Stelle, der von den Folgen der gemeinsamen Verurteilung handelt. Um beide Schuldner in Anspruch zu nehmen, hätte der Darlehensgeber im klassischen Recht nur seine Klage teilen und jeden einzelnen von ihnen getrennt belangen können; dies bestätige Pap. D. 45.2.11.pr. Zudem sei die Bearbeitung auch an der Wendung „*posse et debere*" und an dem Umstand zu erkennen, daß der zweite Stellenteil mit dem ersten gedanklich nicht vereinbar sei; wenn Paulus einerseits dem Gläubiger geraten habe, von einem seiner beiden Auftraggeber den Gesamtbetrag zu fordern, könne er schwerlich zugleich in Betracht gezogen haben, daß der Gläubiger gerade diesem Ratschlag nicht gefolgt sei. Schließlich entspreche die Bearbeitung dem Geist der 99. Novelle.

Biondis Argumente überzeugen jedoch nicht. Weder ist die Wendung „*posse et debere*"[8] für sich allein verdächtig, noch gibt der Text sonst Anlaß zu sachlicher Kritik. Die beiden Teile der Entscheidung, die die Solidarberechtigung des Gläubigers und die gemeinsame Verurteilung der beiden Schuldner betreffen, sind durchaus miteinander vereinbar, wenn der Gläubiger für seine Klage etwa generell um Rat gebeten hatte und die Antwort ursprünglich ausführlicher ausgefallen war. Auch Pap. D. 45.2.11.pr. vermag es nicht, die These zu erhärten, daß die gemeinsame Verurteilung der Kreditmandatoren im klassischen Recht undenkbar gewesen sei:

> 11 resp.: Reos promittendi vice mutua fideiussores non inutiliter accipi convenit. reus itaque stipulandi actionem suam dividere si velit (neque enim dividere cogendus est), poterit eundem ut principalem reum, item

---

38 ff., 63 ff., 185. Anders *Levy,* Sponsio, fidepromissio, fideiussio (1907), 211, ders. (o. A. 1), 197 ff., *Kerr Wylie* (o. § 2 A. 9), 328 ff., *Albertario* (o. § 7 A. 15), *Schindler* (o. A. 4), 377 A. 21; weitere Literatur bei *Marrone,* 152 A. 80.

[6] Anders will *Levy* (o. A. 1), 197 hier das Wort „*eligere*" nur als Gegensatz zum Schlußteil „*pro parte dimidia conveniri posse et debere*" verstanden wissen; ihm folgt *Liebs* (o. A. 1), 64 A. 133.

[7] APal. 12 (1929), 240 f.

[8] Diese Worte unterstreichen durchaus sinnvoll den Umstand, daß der Gläubiger in der *actio iudicati* nicht nur wie bei einer Gesamtschuld auch sonst seine Klage teilen könne — vgl. Ulp. D. 45.2.3.1, *Kaser* I, 656 A. 5 und unten A. 10 —, sondern sich auf die Quote des jeweiligen Schuldners beschränken müsse, wenn er nicht wegen der Zuvielforderung abgewiesen werden wolle.

§ 11. Das Urteil

qui fideiussor pro altero exstitit, in partes convenire, non secus ac si duos promittendi reos divisis actionibus conveniret.

Der Schlußsatz nämlich, *„non secus ac si duos promittendi reos divisis actionibus conveniret"*, aus dem *Biondi*[9] die Unzulässigkeit der gemeinschaftlichen Belangung mehrerer Gesamtschuldner folgert, zeugt im Zusammenhang nicht einmal zwingend von der Üblichkeit, nur von der Möglichkeit der Klagenteilung[10]. Denn Papinian macht lediglich den Vorteil deutlich, der einem Gläubiger erwachse, wenn zwei ihm ohnehin gemeinschaftlich verhaftete Personen noch wechselseitig füreinander bürgten: er könne jeden einzelnen von ihnen dann aus seiner Schuld wie aus der Bürgschaft jeweils nur zu einem bloßen Teil in Anspruch nehmen, nicht anders, so fügt er hinzu, als ob er Gesamtschuldner mit geteilten Klagen belange[11].

Endlich ist auch nicht zu erkennen, inwiefern die von Paulus überlieferte Entscheidung im Geist der Nov. 99 verändert worden sei:

Εἰ γάρ τις ἀλληλεγγύως ὑπευθύνους λάβοι τινάς, εἰ μὲν μὴ προςτεθείη τὸ δεῖν καὶ ἕνα τούτων εἰς ὁλόκληρον ἐνέχεσθαι, πάντας ἐξ ἴσου τὴν ἀγωγὴν ὑφίστασθαι. εἰ δὲ καί τι τοιοῦτο προςτεθείη, φυλάττεσθαι μὲν τὸ σύμφωνον, οὐκ εὐθὺς μέντοι τὴν ἀρχὴν ἕκαστον ὁλόκληρον ἀπαιτεῖσθαι, ἀλλὰ τέως μὲν κατὰ τὴν μοῖραν καθ' ἣν ἕκαστος ἐνέχεται, χωρεῖν δὲ αὐτὸν καὶ κατὰ τῶν ὑπολοίπων, εἴ γε καὶ εὔποροι καθεστᾶσι καὶ ἐνδημοῦσι. καὶ εἰ τοῦτο οὕτως ἔχον φανείη, εἰ μὲν εὐπόρως ἔχουσι καὶ παρόντες τύχοιεν, ἐκείνους κινδυνεύειν ἐκπληρῶσαι ἕκαστον εἰς τὸ οἰκεῖον μέρος τὸ ἀλληλεγγύως δανεισθέν, ἐξ οὗπερ ὅλως ἔνοχοι γεγόνασι, καὶ μὴ τὸ κοινὸν

---

[9] (o. A. 7), 241.

[10] Überdies wird der Satz — m. E. zu Unrecht — verdächtigt, weil er, so *Binder* (o. A. 2), 303 f., auf das unklassische *beneficium divisionis* anspiele, oder, so *Casavola*, Iura 6 (1955), 156, *Cantarella*, La fideiussione reciproca (1965), 131 f., weil ein Solidargläubiger in klassischer Zeit seine Forderung nicht habe teilen können. Radikaler noch tilgt *Beseler*, SZ 52 (1932), 63, Festschrift Schulz I (1951), 36, den gesamten Text. Dagegen wie hier *Redenti* 52, *Levy* (o. A. 1), 263 A. 1, *Kerr Wylie* (o. A. 5), 135 ff., *Angelini*, Iura 17 (1966), 360, *Wolff*, St. Volterra 3 (1971), 735 ff., 752 A. 46, *Voci* (o. § 2 A. 16), 146 A. 222, *Liebs* (o. A. 1), 64 A. 131.

[11] Dadurch entgeht der Gläubiger der Gefahr der Konsumption, so *Kerr Wylie* (o. A. 5), 135 ff., *Frezza*, Le garanzie delle obbligazioni I: le garanzie personali (1962), 295, *Voci* (o. A. 10), 146 A. 224, oder doch der *exceptio litis dividuae*, so *Wolff* (o. A. 10), 751 ff. im Anschluß an *Mitteis*, Individualisierung der Obligationen (1886), 69 f. Allerdings ist die Stelle in ihrer Bedeutung seit langem umstritten, vgl. nur *Cantarella* (o. A. 10), 115 ff. So hat etwa *Binder* (o. A. 2), 303 f., die Entscheidung dahin ausgelegt, daß durch eine *vice mutua fideiussio* aus Teilschuldnern Geamsamtschuldner würden; ähnlich auch *Cantarella* 124 ff., dazu *Wolff*, SZ 84 (1967), 492 f. Nach *Fuenteseca*, AHDE 20 (1950), 242 ff., 258 f., hat der Jurist die Klagaufteilung gegenüber Hauptschuldner und Bürgen, nach *Casavola* (o. A. 10), 155 ff., die Aufteilungsmöglichkeit gegenüber Mitbürgen darstellen wollen. Einer abschließenden Entscheidung bedarf es für unsere Untersuchung nicht. Zur Herkunft und Bedeutung der wechselseitigen Verbürgung und ihrer Beziehung zur Gesamtschuld und zur griechischen ἀλληλεγγύη vgl. nur *Kerr Wylie* 136, *Kaser* I, 665 und dort A. 53, II, 328 A. 10, *Wolff*, SZ 84 (1967), 488 ff., ders. (o. A. 10), 735 ff., *Voci* 144 ff.

χρέος ἴδιόν τινος γινέσθω βάρος. εἰ δὲ ἀπόρως ἔχοντες οἱ λοιποὶ φανεῖεν, εἴτε πάντες εἴτε τινές, εἴτε εἰς μέρος εἴτε εἰς ὁλόκληρον, ἢ καὶ ἀπόντες τυχόν, καὶ εἰς ἐκεῖνο ἐνέχεσθαι ὅπερ λαβεῖν παρὰ τῶν ἄλλων οὐκ ἠδυνήθη· οὕτω γὰρ κἀκείνῳ φυλαχθήσεται ὁ τοῦ συμφώνου τρόπος, καὶ οὐδεμίαν ὑποστήσεται ζημίαν ὁ ἐνάγων, κἂν εἴ τι πρὸς ἀλλήλους ἐκεῖνοι συμφωνήσαιεν ἀγνοοῦντος τοῦ τούτους ἔχοντος ὑπευθύνους, καὶ ἕκαστος ἐνέξεται ὥςπερ ἐξ ἀρχῆς συνεγράψατο, τέχναις ἢ δόλοις ἢ διαλύσεσιν ὑπερβαίνειν τὰ συγκείμενα μὴ συγχωρούμενος. 1 Εἰ μέντοι τοῖς αὐτοῖς ἐνδημοῖεν ἑκάτεροι ἢ καὶ ἅπαντες τόποις, θεσπίζομεν τὸν τῆς ὑποθέσεως ἀκροώμενον ἄγειν κἀκείνους εὐθύς, καὶ κοινῇ μὲν ἐξετάζειν τὴν ὑπόθεσιν, κοινὴν δὲ ἐπάγειν τὴν ψῆφον. οὕτω γὰρ καὶ οἱ ἔνοχοι πάντες εὐθυνθήσονται, καὶ ἡ τῆς περιουσίας αὐτῶν ποιότης ἐξετασθήσεται, καὶ τὸ χρέος ὁμοίως μὲν κατὰ τὴν τοῦ δικαίου ὁμοίως δὲ κατὰ τὴν τοῦ νόμου τάξιν προβήσεται.

In dieser Novelle bestimmte Justinian, daß ein Gläubiger, der nach bisherigem Recht von einem seiner Schuldner — etwa auf Grund eines gemeinsamen Auftrags oder einer gemeinschaftlichen Bürgschaft — den Gesamtbetrag verlangen konnte, nunmehr nur noch den Kopfteil fordern dürfe. Dies gelte im Prinzip selbst dann, wenn die Solidarhaftung ausdrücklich vereinbart worden sei; doch sei in diesem Fall der Anteil aller abwesenden oder insolventen Schuldner von den übrigen aufzubringen. Daher müsse der Richter alle erreichbaren Schuldner zu dem Verfahren hinzuziehen und auch das Urteil gegen alle sprechen[12].

Mit dieser Regelung ist die von Paulus überlieferte Entscheidung unvereinbar. Die Auskunft, daß der Gläubiger von einem seiner beiden Auftraggeber auch ohne besondere Vereinbarung den Gesamtbetrag verlangen könnte, träfe nicht zu. Erst recht bliebe kein Raum für die von Paulus aufgeworfene Frage, ob die *actio iudicati* nach einer gemeinsamen Verurteilung der beiden Schuldner auf das Ganze oder nur auf den Kopfteil gehe: nach der Novelle Justinians mußte die Teilung der Judikatsschuld geradezu selbstverständlich sein[13].

Für die Klassiker hingegen trat die Frage nach dem Umfang der Judikatsschuld in gleicher Weise und unter den gleichen Vorausset-

---

[12] Auf die reiche Literatur zu dieser Stelle ist hier nicht näher einzugehen; vgl. nur *Kaser* II, 328 A. 10 f. mit weiteren Nachweisen, *Frezza* (o. A. 11), 288 ff., *Cantarella* (o. A. 10), 133 ff., insbesondere 137 A. 43, *Voci* (o. A. 10), 149 ff. Unter den ἀλληλέγγυοι der Novelle sind wohl einfach die Gesamtschuldner zu verstehen, vgl. schon die mittelalterliche authentische Übersetzung des Rubrums περὶ ἀλληλεγγύων mit: „De reis promittendi", *Kaser* II, 328, *Wesener*, Labeo 11 (1965), 355. Andere denken nur an „*mutui fideiussores*", vgl. die Aufstellung bei *Cantarella* 144, oder an einen neuen Typ gemeinsamer Verbindlichkeit zwischen Teil- und Gesamtschuld, so *Cantarella* 147, zweifelnd *Wolff* (o. A. 11), 493; wieder anders *Voci*, aaO. Zur Frage des Zusammenhangs der hellenistischen ἀλληλεγγύη mit der Nov. 99 und der in Pap. D. 45.2.11.pr. genannten *mutua fideiussio* s. nur die o. A. 11 am Ende genannte Literatur.

[13] Dies bestätigen die Worte Justinians: καὶ εἰ τοῦτο οὕτως ἔχον φανείη, εἰ μὲν εὐπόρως ἔχουσι καὶ παρόντες τύχοιεν, ἐκείνους κινδυνεύειν ἐκπληρῶσαι ἕκαστον εἰς τὸ οἰκεῖον μέρος τὸ ἀλληλεγγύως δανεισθέν, ἐξ οὗπερ ὅλως ἔνοχοι γεγόνασι, καὶ μὴ τὸ κοινὸν χρέος ἴδιόν τινος γινέσθω βάρος.

zungen wohl zumindest auch bei allen übrigen Rechtsverhältnissen auf, die nicht wegen ihrer Unteilbarkeit, sondern ausschließlich zum Vorteil des Gläubigers als Gesamtobligationen ausgestaltet waren.

Dies mag zudem erklären, warum Ulpian eine allgemeinere Formulierung gewählt hat:

Ulp. D. 49.1.10.3 8 disp.: Quotiens autem plures in unam summam condemnantur, utrum una sententia est et quasi plures in unam summam rei sint promittendi, ut unusquisque eorum in solidum teneatur, an vero scinditur in personas sententia, quaeritur. et Papinianus respondit scindi sententiam in personas atque ideo eos qui condemnati sunt viriles partes debere.

Hiernach hat sich der Jurist in der Auseinandersetzung darum, ob die Veurteilung mehrerer Schuldner zur Zahlung eines Gesamtbetrages eine Gesamt- oder nur eine Teilurteilsschuld begründe, unter Berufung auf Papinian für die zweite Ansicht entschieden.

Auch diese Stelle kann nach der vorangegangenen Untersuchung nicht mit hinreichendem Grund auf andere als die teilbaren Gesamtobligationen bezogen oder inhaltlich als verfälscht betrachtet werden, noch braucht sie sich endlich auf den Kognitionsprozeß zu beschränken, obwohl sie einer längeren Passage über die Appellation entstammt[14]. Im Zusammenhang mit diesem Rechtsbehelf behandelt Ulpian in D. 49.1.10.pr. die gesonderte Verurteilung mehrerer Personen *ex eadem causa* und in § 1 eodem ein Urteil gegen eine Einzelperson aus mehreren Gründen. In § 2 eodem bespricht er die Verurteilung mehrerer Schuldner aus demselben, sie gemeinsam berührenden Umstand. Wir erfahren, daß in diesem Fall die Appellation eines einzelnen auch den anderen nütze. Damit ist vereinbar, daß der Jurist im folgenden § 3 an den erörterten Streit um die Höhe der Judikatsschuld erinnert. Vielleicht hat er ergänzend gerade darauf hinweisen wollen, daß die Insolvenz eines einzelnen hier den übrigen immerhin nicht schade[15]; vielleicht aber hat er die zuvor beschriebene Verfahrenshäufung auch

---

[14] Anders — aber ohne Not — glaubt *Biondi* (o. A. 7), 256 f. an eine tiefgreifende Veränderung der Stelle und rekonstruiert wie folgt: „*Quotiens autem unus in plures summas condemnatur utrum una sententia est an vero scinditur, quaeritur. et Papinianus respondit scindi sententiam*". Dagegen bezeichnet *Kerr Wylie* (o. A. 5), 141 lediglich das Zwischenstück „*et quasi — promittendi*" als Glossem. Beseler, SZ 45 (1925), 487 tilgt darüber hinaus die Worte „*una sententia est et — promittendi, ut*" und verdächtigt den Satzteil „*scindi sententiam in personas atque ideo*"; auch er läßt den sachlichen Gehalt der Stelle jedoch im Ganzen unberührt. Zur Einordnung der Stelle vgl. *Lenel*, Pal. II (1889), Sp. 419 f.; zu ihrem Bezug auf Gesamtschuldverhältnisse u. A. 16.

[15] Vgl. in ähnlichem Sinne *Accursius* (o. § 2 A. 1), gl. iuris est zu der Parallelentscheidung Gord. C. 7.55.2 (dazu sogleich im Text): „non nocet alteri, si alter non est solvendo: ut hic. sed prodest alteri, si alter appellet, quamvis ipse non appellet: ut C. 7.68.1".

nur zum Anlaß genommen, um die genannte Kontroverse eher beiläufig und mehr zur Vervollständigung seiner *disputatio* anzufügen[16].

Ebenso wie von Ulpian ist auch von Paulus ein Beleg erhalten, der dem Zeugnis Ulpians in der Formulierung gleicht und dennoch wie seine in D. 17.1.59.3 überlieferte Entscheidung zum Kreditmandat wohl nur die teilbaren Gesamtobligationen betrifft:

> Paul. D. 42.1.43 16 resp.: Paulus respondit eos, qui una sententia in unam quantitatem condemnati sunt, pro portione virili ex causa iudicati conveniri, et si ex sententia adversus tres dicta Titius portionem sibi competentem exsolvit, ex persona ceterorum ex eadem sententia conveniri eum non posse.

Diejenigen Schuldner, die in einer gemeinsamen Sentenz zu einer Gesamtsumme verurteilt worden sind, haften in der *actio iudicati* lediglich auf ihren Kopfteil. Sie brauchen daher für den Ausfall der übrigen auch nicht miteinzustehen[17].

Allerdings scheint der zweite Teil der Stelle der Deutung zunächst zu widersprechen, nach der Paulus auch hier von einer Gesamtschuld ausgeht. Denn wenn man den Text dahin verstehen will, daß der Gläubiger die *actio iudicati* gegen alle Schuldner angestrengt, doch nur bei einem einzigen Erfolg gehabt habe, ist seine Absicht, von diesem auch den Ausfall der übrigen nachzufordern, am besten dann verständlich, wenn ihm anfänglich alle bis zur vollen Befriedigung hafteten. Indessen lassen die Worte „*Titius portionem sibi competentem exsolvit*" weniger an eine nur bei Titius erfolgreiche Vollstreckung denken. Eher weisen sie darauf hin, daß dieser allein bereit und in der Lage war, innerhalb der Urteilserfüllungsfrist[18] freiwillig seinen Anteil zu be-

---

[16] Die Stelle bewahren denn auch *Bethmann-Hollweg* 475 f., *Wenger* (o. A. 4), 74 A. 14, *Levy* (o. A. 1), 197 A. 6, *La Rosa* (o. A. 4), 209 ff., *Medicus* (o. A. 4), 264, *Kaser* III, 152 A. 44, *Liebs* (o. A. 1), 180 A. 290. Dabei sprechen *Levy* und *Medicus* ausdrücklich von einem Gesamtschuldverhältnis. Anders denkt *Redenti* 36, 58 an einen Fall der Rechnungslegung mehrerer Tutoren, die er von vornherein als Teilverbindlichkeit versteht; dazu u. S. 99 ff. und dort A. 12.

[17] Im ersten Teil der Stelle bis „*iudicati conveniri*" mag die Verallgemeinerung durchaus das Werk der Kompilatoren sein. Die darüber hinausgehenden Verdächtigungen *Biondis* (o. A. 7), 254 f. vermögen jedoch nicht zu überzeugen: daß nach einer gemeinsamen Verurteilung mehrerer Gesamtschuldner notwendig auch die Judikatsschuld eine Gesamtschuld sei, ist eine petitio principii, und die Vokabel „*quantitas*" ist nicht schon an sich verdächtig, *Heumann / Seckel*, ad h. v., *Medicus* (o. A. 4), 264; vgl. wie hier *Wenger* (o. A. 4), 74 A. 14, *Redenti* 52 (aber o. § 9 A. 12), *Levy* (o. A. 1), 197 A. 6, *Pugliese* 276, *La Rosa* (o. A. 4), 209 ff., *Medicus*, aaO., *Kaser* III, 152 A. 44, 299 A. 22, *Liebs* (o. A. 1), 180 A. 290. Zum zweiten Teil der Stelle u. A. 19.

[18] Der Gläubiger konnte das Vollstreckungsverfahren erst nach einer Urteilserfüllungsfrist von 30 Tagen einleiten; vgl. nur *Kaser* III, 272.

§ 11. Das Urteil

zahlen[19]. Dementsprechend wäre die Nachschußforderung des Gläubigers auch dann berechtigt, wenn seine Schuldner Gesamtschuldner waren, sofern sie nur — worüber man stritt — nach ihrer gemeinsamen Verurteilung grundsätzlich weiterhin in voller Höhe haften würden[20].

Schließlich hat Gordian in einer ähnlichen Entscheidung, die mehrere, vermutlich ebenfalls *de eadem re* verpflichtete Tutoren betrifft[21], die von Papinian, Paulus und Ulpian bevorzugte Lösung bereits als gefestigte Rechtsauffassung bezeichnet:

> Gord. C. 7.55.2: Quotiens a tutoribus singulis procuratoribus datis insequitur in omnium persona condemnatio, periculum sententiae videri esse divisum. ideoque quod ab uno servari non potuerit, a ceteris exigi non posse explorati iuris est (a.242).

Wenn die Prozeßvertreter mehrerer Tutoren gemeinschaftlich verurteilt würden, teile sich ihre Haftung aus dem Urteil[22]. Deshalb könne man nach anerkannter Ansicht den Betrag, der einem unter ihnen zur Erfüllung seines Anteils fehle, von den übrigen nicht verlangen[23].

---

[19] Allerdings steht dieser Satz im anstößigen zweiten Teil der Stelle, doch enthält er nur eine vereinfachende Erklärung des auch dem Anfang zugrundeliegenden Gedankens, vgl. *Gradenwitz*, SZ 7 I (1886), 65 und mit Bezug auf ihn *Lenel*, Pal. II (1889), Sp. 1249, *Wenger* (o. A. 4), 74 A. 14, *Kerr Wylie* (o. A. 5), 142 A. 1, *Biondi* (o. A. 7), 254, *La Rosa* (o. A. 4), 210 A. 170.

[20] Auch *Levy* (o. A. 1), 197 A. 6 spricht von einem Gesamtschuldverhältnis.

[21] Allerdings wird wie beim Kreditmandat (o. A. 5) auch hier die Ansicht vertreten, daß zwischen mehreren Tutoren schon in klassischer Zeit ein Solutionskonkurrenzverhältnis bestand, vgl. etwa *Kaser* I, 659, III, 234 A. 41, *Liebs* (o. A. 1), 184 ff. unter Bezug auf Iul. D. 26.7.18.1; dagegen *Voci* (o. A. 10), 81, der diese Stelle auf die *tutela divisa* bezieht. Im übrigen gelten die o. S. 69 f. zum Kreditmandat aufgestellten Überlegungen entsprechend auch hier; *Levy* (o. A. 1), 197 A. 6, 220 ff., *Albertario* (o. A. 5), 112, *Voci* 82 f.

[22] Genauer: das Risiko des einzelnen, aus der gemeinschaftlichen Sentenz auch auf das Ganze in Anspruch genommen zu werden. Daß hier der Ausdruck „*periculum*" = „Risiko" fehl am Platze sei, weil es zugleich als anerkanntes Recht bezeichnet werde, daß niemand für die Insolvenz des anderen einzustehen brauche — so *Biondi* (o. A. 7), 250 f. — ist wenig überzeugend. Dieses Ergebnis ist doch gerade erst die Folge der Haftungsteilung.

[23] *Biondi* (o. A. 7), 250 ff. verdächtigt — soweit ersichtlich, als einziger — auch diese Stelle. Ursprünglich sei von dem *periculum tutelae* die Rede gewesen, wie dies häufig auch sonst, etwa in Tryph. D. 26.7.55.pr., Pap. D. 26.7.39.10, Diocl. C. 5.52.3, C. 5.38 der Fall sei. Er liest deshalb: „*Quotiens a tutoribus singulis procuratoribus datis insequitur in omnium persona [condemnatio] ⟨actio⟩, periculum [sententiae] ⟨tutelae⟩ videri esse divisum ..*". Doch wenn die Tutoren in getrennten Klagen belangt wurden, wie *Biondi* annimmt, so ist es wenig wahrscheinlich, daß es zur Aufteilung des *periculum tutelae* überhaupt eines kaiserlichen Reskriptes bedurfte. Ebensowenig läßt die Bestellung mehrerer Prozeßvertreter auf getrennte Klagen schließen, da diese als Beklagte lediglich an die Stelle der Tutoren treten. Vgl. in diesem Sinne *Bethmann-Hollweg* 475 f., *Levy* (o. A. 1), 197 A. 6, *Kerr Wylie* (o. A. 5), 142, *Medicus* (o. A. 4), 264, *Kaser* III, 152 A. 44, 299 A. 22, *Voci* (o. A. 10), 90 A. 77, *Liebs* (o. A. 1), 180 A. 290. Uns genügt der Hinweis auf die gefestigte Rechtsauffassung; ob sich die Stelle selbst noch auf den Formularprozeß bezieht, ist daher ohne Belang.

2. So sicher den Quellen zu entnehmen ist, daß mehrere Schuldner aus einer teilbaren Gesamtobligation gemeinsam auf den Gesamtbetrag verurteilt werden konnten, dann aber in der *actio iudicati* nach herrschender Meinung nur noch auf ihren Kopfteil einzustehen brauchten, so wenig wissen wir darüber, wie die Verurteilung mehrerer Schuldner in allen anderen kontradiktorischen Streitverhältnissen ausgesehen hat. Auch Alex. C. 7.55.1 und Pap. D. 49.14.39.1, die beiden Stellen, die hierüber noch am ehesten eine Auskunft geben, sind zumindest nicht eindeutig zu erklären:

> Alex. C. 7.55.1: Si non singuli in solidum, sed generaliter tu et collega tuus una et certa quantitate condemnati estis nec additum, ut, quod ab altero servari non possit, alter suppleret, effectus sententiae virilibus portionibus discretus est. ideoque parens pro tua portione sententiae ob cessationem alterius ex causa iudicati conveniri non potes (a. 229).

Von zwei Schuldnern, die gemeinschaftlich verurteilt wurden, hat nur einer seinen Anteil aufbringen können. Deshalb fordert der Gläubiger von ihm auch die Quote des anderen. Dies dürfe er jedoch mit Recht nur dann, so entscheidet Alexander, wenn jeder Schuldner einzeln auf den Gesamtbetrag verurteilt oder doch die Nachschußpflicht ausdrücklich angeordnet worden sei. Dagegen teile sich die Haftung des einzelnen aus dem gemeinsamen Urteil, wenn dieses schlicht auf die gesamte Summe laute. So sei es auch im vorliegenden Fall.

Welche Klagen denn aber dem Richter die Befugnis gaben, alle Beklagten gemeinsam oder einzeln auf das Ganze zu verurteilen oder ihnen statt dessen eine Nachschußpflicht aufzuerlegen, erfahren wir nicht[24]. Wir können nur erkennen, daß es ungewöhnlich wäre, wenn er bei irgendeinem Rechtsverhältnis unter diesen Möglichkeiten wählen könnte, weil die Befriedigung des Gläubigers dann seiner Willkür unterläge[25]. Neuerdings hat freilich *Voci*[26] in der Klausel „*nec additum, ut, quod ab altero servari non possit, alter suppleret*" einen Hinweis auf ein *beneficium divisionis* gefunden, wie es im Formularprozeß mehreren, gemeinsam verwaltenden Tutoren zustehe. Dahinter steht die Überzeugung, daß sich eine solche Vergünstigung bei der *actio tutelae* in zweierlei Hinsicht auswirke. Wenn der Prätor nämlich auf das Ver-

---

[24] Das Wort „*collega*" läßt hier an eine Vormundschaftsklage denken, *Heumann / Seckel*, ad h. v.; vgl. auch *Redenti* 52, *Voci* (o. A. 10), 89 und *Levy* (o. A. 1), 191 A. 6, der — wohl im Hinblick auf den Teil „*nec additum — suppleret*" — an die *actio subsidiaria* denkt; zu dieser Klage s. nur *Kaser* I, 367.

[25] Zumindest mißverständlich in diesem Sinne aber *Cuiacius* (o. § 2 A. 1), Comm. in C. 7.55: „Iudex potest minuere priorem obligationem, quod etiam notandum est ex hoc tit. Nam potest efficere, ut qui solidum debet ex priore contractu, virilem tantum portionem debeat".

[26] (o. A. 10), 89 f.

langen eines Tutors hin die Solvenz der anderen erörtere und alle oder einige von ihnen gleichfalls für zahlungsfähig halte, dann teile er die Klage des Mündels gegen sie insoweit auf, als sie ihm solvent erschienen; dabei trage der Pupill das Risiko, daß später dennoch einer unter ihnen nicht zahlungskräftig sei. Wenn der Prätor aber nur den zunächst belangten Tutor für zahlungsfähig halte und dieser auf seiner abweichenden Auffassung bestehe, dann sehe er von einer Teilung der Klage ab und bestelle für alle als Streitgenossen denselben Richter. Dies zeige Pap. D. 11.2.2. Während der Prätor einem Mitbürgen in der gleichen Lage die *exceptio „si non et illi solvendo sint"* gewähre, so daß der Gläubiger den Prozeß verliere, wenn die anderen doch zahlungsfähig seien, prüfe der Richter die Solvenz der Tutoren nicht[27]. Er erlasse vielmehr ein Urteil mit der in Alex. C. 7.55.1 genannten Klausel.

Vocis Überzeugung vermögen wir indessen nicht zu teilen. Es ist nicht nur sehr umstritten, ob den gemeinsam verwaltenden und darum solidarisch haftenden Tutoren bereits in klassischer Zeit ein *beneficium divisionis* zustand[28]. Selbst wenn man grundsätzlich anerkennt, daß sie eine solche Vergünstigung in Anspruch nehmen konnten, hat diese wohl lediglich darin bestanden, daß sie wie Mitbürgen[29] die Teilung der Klage erreicht oder die *exceptio „si non et illi solvendo sint"* erhalten haben. Auch Pap. D. 11.2.2 spricht eher gegen *Vocis* Ansicht:

Pap. D. 11.2.2 2 quaest.: Cum ex pluribus tutoribus unus, quod ceteri non sint idonei, convenitur, postulante eo omnes ad eundem iudicem mittuntur: et hoc rescriptis principum continetur.

Nach dieser Entscheidung Papinians hatte ein Mitvormund, der allein belangt worden war, weil die übrigen nicht zahlungsfähig seien, das Recht, eine gemeinsame Untersuchung vor demselben Richter zu verlangen. Wenn die Stelle überhaupt gemeinsam verwaltende Tutoren betrifft und dabei auch die Worte *„quod ceteri non sint idonei"* Vertrauen verdienen[30], hat der Zweck der gemeinsamen Untersuchung wohl darin bestanden, daß der Richter die Gelegenheit erhielt, die Solvenz aller zu erörtern. Zu dieser Erörterung bestände kein Anlaß, wenn der Richter ohnehin ein Urteil mit der in Alex. C. 7.55.1 genannten Klausel erließe. Außerdem wäre ein solches Urteil schwerlich mit der Entscheidung Gordians C. 7.55.2 vereinbar, in der Vertreter mehre-

---

[27] *Voci* (o. A. 10), 87 f. vermutet, diese Regelung beruhe nicht nur auf dem allgemeinen Wohlwollen gegenüber dem Pupill, sondern auch auf der prozeßökonomischen Überlegung, daß der geschädigte Pupill in jedem Fall eine *in integrum restitutio* fordern könnte.
[28] Vgl. die Nachweise bei *Voci* (o. A. 10), 72 A. 3, 4, *Kaser* I, 657 A. 13 und nunmehr noch *Liebs* (o. A. 1), 188, der an eine klassische Kontroverse glaubt.
[29] Zum *beneficium divisionis* der Mitbürgen s. nur *Kaser* I, 664 f.
[30] Dazu näher unten S. 101 f.

rer Tutoren schlicht auf die gesamte Summe verurteilt worden sind[31]. Denn dies ist, wie wir gesehen haben, bei den teilbaren Gesamtschuldverhältnissen auch sonst die Regel gewesen, und es ist kein Grund erkennbar, weshalb die persönliche Verurteilung der Tutoren von dieser Regel ausgenommen werden sollte[32]. Freilich können wir nicht ausschließen, daß der Richter in einigen Fällen schon in klassischer Zeit in der Lage war, mehrere Personen jeweils auf das Ganze[33] oder — im Kognitionsprozeß — auch zur Nachschußzahlung[34] zu verurteilen. Vielleicht hat dieser Umstand wiederum den Kaiser bewogen, den ratsuchenden Schuldner darauf hinzuweisen, daß sich die Urteilsschuld generell auf seine Quote beschränke, sofern nicht ausdrücklich etwas anderes angeordnet worden sei. Doch könnten die Worte „*non singuli in solidum, sed generaliter*"[35] und „*nec additum, ut, quod ab altero servari non possit, alter suppleret*" ebensogut erst nachträglich eingefügt worden sein, um eine konkrete Fallentscheidung zu einer allgemeinen Regel umzuformen[36].

Wie Alex. C. 7.55.1 läßt auch Pap. D. 49.14.39.1 keinen sicheren Schluß auf eine Verurteilung von Streitgenossen zu, die nicht aus einer teilbaren Gesamtobligation in Anspruch genommen wurden:

16 resp.: Eum, qui periculum communis condemnationis dividi postulavit, quod participes iudicati solvendo essent revocatis alienationibus, quas

---

[31] Oben S. 75.

[32] So aber dennoch *Voci* (o. A. 10), 89 f., 90 A. 77: „Il risultato è che il regime del benef. divisionis vale per i tutori, cioè inerisce alla loro condizione personale".

[33] So vielleicht in den Fällen der gehäuften Haftung (dazu nur *Kaser* I, 613, 656) bei gemeinsamem *dolus* der Tutoren, *Voci* (o. A. 10), 89, oder doch beim Kreditmandat oder der Vormundschaft, wenn man der anderen in der Literatur vertretenen Ansicht folgt, vgl. o. A. 5, 21.

[34] So vielleicht im Falle der *actio subsidiaria* gegen mehrere Magistrate, gegen mehrere Publikanen wegen ungerechtfertigter Zwangsbeitreibung — hierauf bezieht sich möglicherweise *Liebs* (o. A. 1), 180 A. 290 —, bei deliktischen Steuerforderungen des Fiskus oder auf Grund einer Vereinbarung; dazu näher u. S. 80. Auch beim *mutua fideiussio* führt zu demselben Erfolg; an sie denken *Mitteis*, Grundzüge und Chrestomathie der Papyruskunde von *Mitteis* und *Wilcken*, II. 1 (1912), 115 A. 1 und ihm folgend *Cantarella* (o. A. 10), 86 A. 71.

[35] Die Worte „*non singuli in solidum, sed generaliter*" verdächtigen auch *Betti* (o. § 5 A. 14), 454 und *Biondi* (o. A. 7), 254; an „*generaliter*" nimmt ebenfalls *La Rosa* (o. A. 4), 215 A. 189 Anstoß.

[36] Im Zusammenhang mit der Aufhebung der Konsumptionskonkurrenz durch Justinian, vgl. C. 8.40.28.2 (dazu nunmehr insbesondere *Liebs* (o. A. 1), 38 ff.); so *Redenti* 54 A. 81, 62 f., *Betti* (o. A. 28), 454, *Biondi* (o. A. 7), 254, *La Rosa* (o. A. 4), 215 A. 189. Soweit *Biondi* 254 f. wie in dem ähnlichen Fragment Paul. D. 42.1.43 (o. A. 17) den sachlichen Gehalt der Stelle auch darüber hinaus verdächtigt, brauchen wir ihm dort auch hierin nicht zu folgen, vgl. *Bethmann-Hollweg* 475 f., *Wenger* (o. A. 4), 74 A. 14, *Levy* (o. A. 1), 197 A. 6, *Betti* 454 A. 1, *Kerr Wylie* (o. A. 5), 143, *La Rosa* 209 ff., 215 A. 189, *Medicus* (o. A. 4), 264, *Kaser* III, 152 A. 44, 299 A. 22, *Liebs* 180 A. 290.

fraudulenter fecerant, non videri causam pecuniae fisco nuntiasse respondi.

Dem überlieferten Text zufolge hat ein Schuldner, der mit anderen gemeinsam verurteilt worden ist, vor dem Magistrat verlangt, seine Haftung aus der *condemnatio* zu teilen. Er hat hierzu angegeben, daß seine Mitstreiter selbst zahlungsfähig wären, wenn die Veräußerungen widerrufen würden[37], die sie zum Nachteil ihres Gläubigers vorgenommen hätten[38]. Offenbar ist er aber den Beweis für seine Behauptung schuldig geblieben, so daß es fraglich ist, ob er aus seinem Verhalten nicht wegen unberechtigter Anzeige eines Konfiskationsfalles einstehen müsse[39]. Diese Frage hat der Jurist jedoch verneint. Vermutlich hat er die an anderer Stelle überlieferte Ansicht geteilt, die Angaben des belangten Schuldners hätten lediglich seinem Schutze gedient[40].

Aus welchem Grunde sich die Judikatsschuld nicht wie in den übrigen Fällen gemeinsamer Verurteilung automatisch teilt, ist mangels näherer Hinweise freilich zweifelhaft und auch bereits seit der Glosse umstritten[41]. *Accursius*[42] hat angenommen, daß ein Vormund oder Magistrat gemeint sei, da dieser unter Bezug auf Alex. C. 7.55.1 die Haftungsteilung fordern könne; dabei hat er nicht beachtet, daß Alexander, wie wir gesehen haben, eine Solvenzberechnung grundsätzlich nicht verlangt. *Bartolus*[43] hat die Ansicht vertreten, daß die Entscheidung Papinians auf einen Zeitpunkt vor dem Erlaß des Urteils bezogen werden müsse; doch die Bezeichnung der Beteiligten als *„participes iudicati"* macht es wahrscheinlich, daß der Schuldner das Teilungsbegehren erst im Vollstreckungsverfahren erhob. Freilich könnte man die Deutung des *Bartolus* bewahren, wenn man mit *Biondi*[44] statt

---

[37] Vgl. Ulp. D. 42.8.1.1: *„Necessario praetor hoc edictum proposuit, quo edicto consuluit creditoribus revocando ea, quaecumque in fraudem eorum alienata sunt"*. Zum Schutz gegen Gläubigerbenachteiligung gewährte der Prätor eine *in integrum restitutio* gegen Geschäfte des Vollstreckungsschuldners, die dieser *„fraudationis causa"* vorgenommen hat; dadurch werden die Wirkungen des Geschäfts rückgängig gemacht; s. nur Kaser I, 251 f., III, 331.

[38] Vgl. zur Bedeutung von *„fraus"* insbesondere Krüger / Kaser, SZ 63 (1943), 117 ff., 144 A. 12.

[39] Wer rechtsmißbräuchlich einen Konfiskationsfall anzeigt, wozu auch gegen das Gesetz verstoßende Geschäfte zu zählen sind, Call. D. 49.14.1.pr., setzt sich regelmäßig der Bestrafung wegen *calumnia* aus, Iun. Mauric. D. 49.14.15.pr. — 2, Kaser III, 214, 355 ff., 356 A. 22.

[40] Vgl. Paul. D. 49.14.44; so schon *Cuiacius* (o. A. 25), Comm. in lib. XVI resp. Pap. ad h. l.

[41] Vgl. *Accursius* (o. A. 15), und *Bartolus* (o. § 2 A. 1), ad h. l., *Cuiacius* (o. A. 40), aaO.

[42] (o. A. 41), aaO.; er denkt dabei an eine gemeinsame Verurteilung ohne weitere Zusätze (*„simpliciter"*).

[43] (o. A. 41), aaO.

[44] (o. A. 7), 252 f.

„condemnationis" und „iudicati" jeweils „obligationis" liest. Ein solcher Eingriff ist jedoch um so weniger zu vermuten, als die Frage nach der Teilung der *condemnatio* nur den Anlaß, nicht aber den Gegenstand der Entscheidung bildete[45]. Eher hat es tatsächlich bereits im klassischen Kognitionsprozeß besondere Fälle gegeben, in denen der Gläubiger von den solventen Schuldnern den Ausfall der übrigen liquidieren konnte[46]; so etwa bei der *actio subsidiaria* gegen mehrere Munizipalmagistrate[47], bei einer Klage gegen mehrere Publikanen wegen ungerechtfertigter Zwangsbeitreibung[48], bei deliktischen Steuerforderungen des Fiskus[49] oder auf Grund einer Vereinbarung[50]. Doch wäre die von Papinian erörterte Situation durchaus auch bei einem teilbaren Gesamtschuldverhältnis denkbar. Zum Beispiel könnte der Beklagte einer von mehreren Bürgen sein, den der Gläubiger zunächst allein und erst auf seine Sicherheitsleistung hin mit den übrigen gemeinsam verklagt hatte[51], den er aber in der *actio iudicati* — unter Hinweis auf die mangelnde Solvenz der übrigen — erneut auf den Gesamtbetrag in Anspruch nehmen will.

3. Auch wenn man also, wie es scheint, allein die Stellen, die wir zuerst behandelt haben, Paul. D. 17.1.59.3, Ulp. D. 49.1.10.3, Paul. D. 42.1.43 und Gord. C. 7.55.2, als sichere Zeugnisse für eine gemeinsame Verurteilung mehrerer Streitgenossen anerkennen kann, so verdanken wir ihre Überlieferung doch offenbar nur der in ihnen geschilderten Kontroverse. Wahrscheinlich hat auch bei anderen als den teilbaren

---

[45] Auch *Levy* (o. A. 1), 197 A. 6, *Kerr Wylie* (o. A. 5), 142, *Kaser* III, 152 und *Liebs* (o. A. 1), 180 A. 290, 194 A. 384 äußern keinen Verdacht.

[46] Vgl. zu den umstrittenen Fällen beim Kreditmandat und bei der Vormundschaft o. A. 5, 21. Doch hat wohl Papinian hieran nicht gedacht, da er sich nach dem Bericht des Ulpian in D. 49.1.10.3 (o. S. 73 f.) generell für eine Teilung der Urteilsschuld entschied. Daher hat schon *Cuiacius* (o. A. 40), aaO. vermutet, daß die Verurteilung den Zusatz „ut si quis eorum solvendo non esset, pro eo ceteri solvere tenerentur" getragen habe.

[47] Vgl. Cels. D. 27.8.7, *Levy* (o. A. 1), 308, 493, *Kaser* I, 657 A. 13, *Liebs* (o. A. 1), 187 A. 328.

[48] Vgl. Mod. D. 39.4.6, *Levy* (o. A. 1), 489 ff., *Liebs* (o. A. 1), 178 ff.

[49] Vgl. Hermog. D. 49.14.46.9, *Levy* (o. A. 1), 493, *Liebs* (o. A. 1), 189. Schon *Cuiacius* (o. A. 40), aaO. hat vermutet, daß auch die hier erörterte Papinianstelle D. 49.14.39.1 von einem Urteil zugunsten des Fiskus handele, ebenso *Biondi* (o. A. 7), 252 f. und wohl auch *Liebs* 194 A. 384. Doch ist diese Deutung keineswegs sicher. Für die Einordnung der Stelle unter dem Titel „de bonis fisco vindicandis" — so *Lenel*, Pal. I (1889), Sp. 944 — gibt bereits der Bezug auf einen Konfiskationsfall hinreichend Anlaß.

[50] Vgl. Justinian C. 8.40.28.1 - 3, wo derartige — vielleicht aber auch nur nachklassische, *Kaser* II, 329 — Vereinbarungen als bereits üblich erwähnt werden. Auch eine *mutua fideiussio* hätte denselben Erfolg; dazu o. A. 27.

[51] Der belangte Bürge kann bei Zweifeln über die Solvenz seiner Mitbürgen gegen Sicherheitsleistung eine Teilhaftung erreichen, Ulp. D. 46.1.10. pr., *Kaser* I, 664 f.; statt dessen kann die Klage auch mit der *exceptio* „si non et illi solvendo sint" erteilt werden, Paul. D. 46.1.28.

§ 11. Das Urteil

Gesamtschuldverhältnissen allgemein die Möglichkeit bestanden, ein gemeinsames Verfahren mit einem gemeinsamen Urteil abzuschließen. Wie das Urteil ausgesehen haben könnte, läßt sich dagegen lediglich vermuten.

Immerhin liegt es nahe, daß man Teilschuldner oder Mitbesitzer, die passiv *pro parte* legitimiert waren, wie in der Formel, so auch im Urteil zusammengefaßt hat[52]. Weiterhin ist es wahrscheinlich, daß alle Schuldner oder Mitbesitzer, die solidarisch hafteten, gemeinschaftlich auf den Gesamtbetrag verurteilt werden konnten, auch wenn die Naturalleistung unteilbar war; denn um Doppelleistungen zu vermeiden, genügte es wohl, wenn man der *actio iudicati* gegen einen der Verurteilten konsumierende Wirkung beimaß oder diese gar für teilbar hielt[53]. Endlich wird das Urteil gegen alle, die gehäuft auf das Ganze einzustehen hatten, jeweils „*in solidum*" gelautet haben[54].

Dagegen ist es schwer zu sagen, wie wohl ein Urteil ausgesehen hat, das mehrere aktive Streitgenossen für sich erstritten haben. Wir besitzen hierzu leider keinen einzigen Beleg[55] und können daher nur vermuten, daß dieses Urteil dem Urteil gegen mehrere Beklagte entsprochen haben mag.

---

[52] Vgl. etwa zur Formel bei der *rei vindicatio* o. § 4 A. 4.

[53] Vgl. zur *vindicatio servitutis* etwa Ulp. D. 8.5.4.4, D. 8.5.6.4, oben S. 40 ff.; zur *actio aquae pluviae arcendae* Paul. D. 39.3.11.1 - 3, Ulp. D. 39.3.6.1, oben S. 51 ff.

[54] Hier mag Alex. C. 7.55.1 immerhin als Anhalt dienen, s. oben S. 76 ff.

[55] Allenfalls könnte man an Ulp. D. 16.3.1.44 denken: „*Sed si duo deposuerint et ambo agant, si quidem sic deposuerunt, ut vel unus tollat totum, poterit in solidum agere: sin vero pro parte, pro qua eorum interest, tunc dicendum est in partem condemnationem faciendam.*" Doch ist es nicht einmal sicher, ob die Worte „*ambo agant*" — von *Biondi* (o. A. 7), 248 ohne Not getilgt — überhaupt von einer gemeinsamen Klage mehrerer Hinterleger zeugen, wie *Redenti* 36, *Levy* (o. A. 1), 197 A. 6, *Wenger* 81 A. 17 und *Kaser* III, 152 A. 43 anzunehmen scheinen. Denn der folgende Textteil ab „*si quidem*", der zumindest in der überlieferten Form verdächtig ist, vgl. *Eisele*, AcP. 77 (1891), 499 A. 67, *Redenti* 52 A. 78, *Levy* 385, *Kerr Wylie* (o. A. 5), 260, 263, läßt den ursprünglichen Bezug der genannten Worte nicht erkennen. Es könnten auch getrennte Klagen gemeint gewesen sein, vgl. Bas. 13.2, schol. ἐὰν δύο (Heimbach 2.38 = Scheltema B. 2, 647): Ἐὰν δύο ἅμα παραθέμενοι ἐνάγωσιν, εἰ μὲν οὕτως γέγονεν ἡ παρακαταθήκη, ὥστε τὸν ἕνα δύνασθαι τὸ πᾶν ἀπαιτεῖν, εἰς ὁλόκληρον ὁ προλαβὼν ἐνάγειν δυνήσεται εἰ δὲ τοῦτο συνεφωνήθη, ὥστε ἕκαστον εἰς μέρος τὸ αὐτῷ διαφέρον κινεῖν, ὁ δεποσιτάριος οὐκέτι εἰς ὁλόκληρον, ἀλλ' εἰς μέρος καταδικάζεται, *Kerr Wylie* 264. Jedenfalls erbringt die Stelle für ein gemeinsames Urteil keinen Beweis.

§ 12. Ergebnis

Wie für das Verfahren vor dem Gerichtsmagistrat, so fehlt es auch für das Verfahren vor dem Urteilsgericht weitgehend an Zeugnissen für die prozeßverbindende Streitgenossenschaft. Dennoch dürfen wir vermuten, daß die gemeinsame Formel den Richter in der Regel bewog, eine gemeinschaftliche Verhandlung und Beweisaufnahme durchzuführen. Insbesondere erforderte eine gemeinsame Formel so gut wie sicher auch eine gemeinschaftliche Beantwortung im Urteil. Wir wissen nicht nur zuverlässig, daß mehrere Schuldner aus einer teilbaren Gesamtobligation gemeinschaftlich auf den Gesamtbetrag verurteilt werden konnten; vermutlich hat auch allgemein die Möglichkeit bestanden, ein gemeinsames Verfahren mit einem gemeinsamen Urteil abzuschließen.

Zweiter Teil

Die notwendige prozeßverbindende Streitgenossenschaft

§ 13. Die Notwendigkeit der Streitgenossenschaft bei den kontradiktorischen Streitverhältnissen

1. Während die prozeßverbindende Streitgenossenschaft mit großer Wahrscheinlichkeit allgemein zulässig und gewiß auch vielfach zweckmäßig war, ist sie doch — außer in einigen Sonderfällen im Bereich der Teilungsklagen[1] — offenbar niemals zwingend erforderlich gewesen. Das heißt, es hat keinen Fall gegeben, in dem man sinnvoll von einer notwendigen Streitgenossenschaft sprechen könnte, weil der Prätor einmal gezwungen gewesen wäre, allen Beteiligten dieselbe Formel zu erteilen und deshalb die *actio* eines einzelnen Klägers oder gegen einen einzelnen Beklagten von vornherein zu denegieren[2].

2. Einzig die *„missio apud eundem iudicem"*, die dem Prätor aufgegeben ist, wenn Miterben eines Vormundes oder Mitvormünder verklagt werden und ebenso, wenn Miteigentümer oder ein Eigentümer und neben ihm ein Pfandgläubiger oder Nießbraucher die *vindicatio*

---

[1] Dazu unten § 14.

[2] Im modernen Recht spricht man nur dann von einer im eigentlichen Sinne notwendigen Streitgenossenschaft, wenn die Prozeßführungsbefugnis einer Mehrheit von Personen zusteht und also die Klage eines einzelnen oder gegen einen einzigen als unzulässig abgewiesen werden müßte, vgl. für das deutsche Recht etwa *Bruns*, Zivilprozeßrecht (1968), 86 f., *Schönke / Kuchinke*, Zivilprozeßrecht, 9. Aufl. (1969), 110 ff., *Baumbach / Lauterbach*, ZPO, 30. Aufl. (1970), § 62, 3 A, *Lent / Jauernig*, Zivilprozeßrecht, 16. Aufl. (1972), 244 ff., *Rosenberg / Schwab*, Lehrbuch des deutschen Zivilprozeßrechts, 10. Aufl. (1969), 225 ff. Diese Abgrenzungskriterien sind für den klassischen römischen Zivilprozeß nur in beschränktem Umfang tauglich. Ihm ist die scharfe begriffliche Unterscheidung der Prozeß- oder Sachurteilsvoraussetzungen, deren Fehlen einen Prozeß über das begehrte materielle Recht unzulässig macht, noch fremd, *Kaser* III, 179. Zwar prüft auch der Prätor zahlreiche Erfordernisse, bevor er die *actio* erteilt. Doch kann er die Klage mit einer *exceptio* gewähren, wenn die Entscheidung eine genauere Untersuchung erfordert, *Kaser* III, 179 ff. Andererseits denegiert er die Klage etwa auch dann, wenn es bereits *in iure* offenkundig an der Sachlegitimation des Klägers oder des Beklagten fehlt, während die Klage heute lediglich unbegründet wäre, *Kaser* III, 179 A. 1, 187 ff. Hiernach wird man eine sinnvolle Abgrenzung nur danach vornehmen können, ob der Prätor gezwungen war, die Aktionen mehrerer oder gegen mehrere Personen zu verbinden oder umgekehrt die Klage eines einzelnen oder gegen einen Beteiligten allein zu denegieren, vgl. auch *Kaser* III, 152.

in servitutem erheben, kommt der notwendigen prozeßverbindenden Streitgenossenschaft in der Wirkung nahe. Dies werden wir noch genauer sehen[3]. Doch zeigt die Tatbestandsumschreibung der Juristen, daß der Prätor hier lediglich gehalten war, allen Beteiligten denselben Richter zu bestellen. Damit war die Erteilung einer gemeinsamen Formel nicht notwendig verbunden. Zuweilen war sie wohl nicht einmal möglich, denn es ist schwerlich vorstellbar, wie der Prätor etwa bei der *vindicatio in servitutem* für den Eigentümer und den Pfandgläubiger oder den Nießbraucher dieselbe Formel hätte benutzen können[4].

3. In allen übrigen Fällen, in denen die Römer von mehreren Personen ein gemeinschaftliches Vorgehen oder die Bestellung eines gemeinsamen Prozeßvertreters fordern, geschieht dies nicht, weil der Prätor den Parteien dieselbe Formel zu erteilen oder wenigstens denselben Richter zu bestellen hätte. Vielmehr würden diese anderenfalls den — durchaus zulässigen — Prozeß verlieren.

Dies ist besonders deutlich dort zu beobachten, wo die Rechtsmängelhaftung, die den Verkäufer[5] trifft, mit dessen Tod auf mehrere Personen übergeht:

> Paul. D. 45.1.85.5 75 ad ed.: In solidum vero agi oportet et partis solutio adfert liberationem, cum ex causa evictionis intendimus: nam auctoris heredes in solidum denuntiandi sunt omnesque debent subsistere et quolibet defugiente omnes tenebuntur, sed unicuique pro parte hereditaria praestatio iniungitur.

Zwar unterliegen alle Erben des Verkäufers den Folgen der Indefension, wenn auch nur einer von ihnen für seinen Teil die gemeinsame Verteidigung verweigert und kein anderer für ihn eintritt. Doch ist der Gläubiger keineswegs gezwungen, sie alle oder gar sie alle vereint in Anspruch zu nehmen; er kann sich auch mit einer *defensio pro parte* begnügen[6].

---

[3] Unten § 15.

[4] Vgl. o. S. 20 f., 24 und dort A. 15.

[5] Wird der Verkäufer einer *res mancipi* mit der dinglichen Klage angegriffen, muß ihm der Verkäufer als *„auctor"* prozessualen Beistand leisten; bei unterbliebener oder erfolgloser Hilfe haftet er auf den doppelten Kaufpreis; vgl. nur *Kaser* I, 132 f., 554 ff.

[6] Vgl. *Planck* (o. § 2 A. 2), 122 f., *Redenti* 40. Insoweit nimmt auch die im übrigen recht heftige Kritik an der Stelle sachlich keinen Anstoß, wenn es auch statt *„evictionis"* ursprünglich gewiß *„auctoritatis"* hieß; vgl. insbesondere *Rabel*, Die Haftung des Verkäufers wegen Mangels im Rechte I (1902), 26, *Guarneri Citati* (o. § 6 A. 17), 109 ff., *Levy* (o. § 6 A. 18), 239 A. 6, *Girard*, Mélanges de droit romain 2 (1923), 171 A. 2, 209 ff., *Beseler*, SZ 46 (1926), 102. Ähnliche Entscheidungen finden wir bei Ven. D. 45.1.139 und Cels. D. 21.2.62.1. Dabei scheinen Paul. D. 45.1.85.5 und Ven. D. 45.1.139 auf derselben Vorlage zu beruhen, *Guarneri Citati* aaO., *Levy* aaO., *Kaser*, Eigentum und Besitz im älteren römischen Recht, 2. Aufl. (1956), 62 A. 10. Zu Cels. D. 21.2.62.1 s. die Angaben im Index, insbesondere *Guarneri Citati* 118 ff., ferner *Marrone*, APal. 24 (1955), 177 f.

§ 13. Kontradiktorische Streitverhältnisse

Ähnlich ist die Rechtslage, wenn ein Gerichtsverfahren gegen eine einzelne Person durch *translatio iudicii*[7] auf dessen Bürgen oder Erben übertragen werden soll:

Ulp. D. 46.7.5.7 77 ad ed.: Si tamen plures fideiussores defendere fuerint parati, videamus, utrum unum defensorem debent dare, an vero sufficiat, ut unusquisque eorum pro parte sua defendat vel defensorem substituat. et magis est, ut, nisi unum dent procuratorem, desiderante scilicet hoc actore, committatur stipulatio ob rem non defensam: nam et plures heredes rei necesse habebunt unum dare procuratorem, ne defensio per plures scissa incommodo aliquo adficiat actorem. aliud est in heredibus actoris, quibus necessitas non imponitur, ut per unum litigent.

Anstelle eines einzelnen Beklagten, der sich dem Prozeß offenbar entzogen hat[8], wollen mehrere Bürgen die Verteidigung übernehmen[9]. Um den Folgen der Indefension zu entgehen, genügt es jedoch nicht, daß jeder einzelne zur Defension in Höhe seiner Quote bereit ist. Sie müssen vielmehr einen gemeinsamen Prozeßvertreter bestellen, wie dies entsprechend auch für Miterben des Beklagten gilt[10]. Hieraus folgt, daß eine *defensio pro parte* für sie prozessual gleichwohl möglich und mit dem Einverständnis des Klägers auch ausreichend wäre. Wie der überlieferte Text ausdrücklich hervorhebt, beruht die Entscheidung allein auf der Erwägung, daß der Kläger nicht den Nachteil hinzunehmen brauche, statt des einen von ihm begonnenen Verfahrens nunmehr mehrere getrennte Prozesse führen zu müssen[11].

---

[7] Dazu o. § 4 A. 2.

[8] Vgl. Paul. D. 3.3.42.7; dazu unten A. 10.

[9] Offenbar haben die Bürgen — ursprünglich *„sponsores"*, Lenel, Pal. I (1889), Sp. 871 — die *cautio iudicatum solvi* oder bei einer *actio in rem per sponsionem* die *cautio pro praede litis et vindiciarum* geleistet; dazu Kaser III, 210 ff.

[10] Statt dessen hätten die Bürgen die Verteidigung auch gemeinsam übernehmen können, vgl. Paul. D. 3.3.42.7: „Reo latitante post litem contestatem ita demum fideiussores — ursprünglich *sponsores*, Lenel, Pal. I (1889), Sp. 978 — *eum defendere videbuntur, si vel unus ex his eum pro solido defendat, vel omnes vel qui ex his unum dederint in quem iudicium transferetur"*. Daß sich auch „omnes" auf „unum dederint" bezieht, ist wenig wahrscheinlich, weil dann die Bestellung eines Prozeßvertreters für *einige* Bürgen in der Bestellung für *alle* sachlich enthalten und somit einer besonderen Erwähnung kaum wert gewesen wäre. Eben deshalb verdächtigt Biondi, APal. 12 (1929), 249 freilich die Worte *„vel qui ex his"*; nach unserer Untersuchung indes ohne Not. Auch von der Formel her macht es kaum einen Unterschied, ob alle Verpflichteten die Defension selbst oder mittels eines gemeinsamen Prozeßvertreters übernehmen. Sie erscheinen im letzten Fall zwar nicht in der *condemnatio*. Sie werden aber doch in der *intentio* genannt, Kaser III, 263, und haben außerdem als Beklagte der *actio iudicati* die *satisdatio iudicatum solvi* zu leisten, wenn — wie zu vermuten — als Prozeßvertreter ursprünglich ein *cognitor* vorzustellen war; so gegen Biondi zu Recht Pugliese 275 f., La Rosa (o. § 2 A. 14), 213 A. 184, 214 A. 187; vgl. ferner Kaser III, 152, 210.

[11] Trotz Beseler, SZ 50 (1930), 59 braucht dieser Gedanke nicht verfälscht zu sein, wenn auch erst die Kompilatoren den Text zu einer allgemeingülti-

Ausschließlich materiellrechtliche — und nicht prozessuale — Überlegungen sind auch der Grund dafür, warum mehrere Erben eines Käufers den Kauf nur gemeinschaftlich wandeln können[12]:

> Ulp. D. 21.1.31.5 1 ad ed. aed. cur.: Si plures heredes sint emptoris, an omnes ad redhibendum consentire debeant, videamus. et ait Pomponius omnes consentire debere ad redhibendum dareque unum procuratorem, ne forte venditor iniuriam patiatur, dum ab alio partem recipit hominis, alii in partem pretii condemnatur, quanti minoris is homo sit.

Der Käufer eines fehlerhaften Sklaven stirbt, ohne den Mangel geltend gemacht zu haben. Für seine Erben entsteht deshalb die Frage, ob sie die Wandlung des Vertrages einzeln in Höhe ihrer Quote oder lediglich gemeinsam fordern könnten[13]. Diese Frage hat Ulpian unter Bezug auf Pomponius der Überlieferung zufolge dahin beantwortet, daß alle Berechtigten in ihrem Wandlungsbegehren einig sein und einen gemeinsamen Prozeßvertreter bestellen müßten. Es wäre für den Verkäufer unbillig, wenn er teils den Sklaven zurücknehmen und teils den Kaufpreis mindern müßte[14].

Aus dieser Begründung geht deutlich hervor, daß die Juristen lediglich die Verpflichtung des Verkäufers leugneten, den zwar rechtlich, doch nicht auch faktisch teilbaren Sklaven zu einem bloßen Teil zurückzunehmen. Sie bestritten aber einem einzelnen Erben des Käufers nicht von vornherein die Klagbefugnis. Jedenfalls konnte sich der Verkäufer nicht grundsätzlich weigern, die Klage eines einzelnen Mitberechtigten aufzunehmen[15], wenn er die Folgen der Indefension vermei-

---

gen Translationsregel umgestaltet haben mögen; vgl. zur Stelle *Koschaker*, Translatio iudicii (1905), 264 ff., *Redenti* 102 A. 155 unter Hinweis auf die *cautio iudicatum solvi*, *Bonifacio* (o. § 4 A. 2), 74 f., *Pugliese* 275, *La Rosa* (o. A. 10), 213 A. 184, *Kaser* III, 152 und dort A. 45.

[12] An eine notwendige Streitgenossenschaft denken dagegen *Linde* (o. § 5 A. 33), 94 ff., *Bethmann-Hollweg* 471 und dort A. 71: von Gerichts wegen werde die Verbindung zur einheitlichen Prozeßführung durch einen Prokurator erzwungen, wenn durch den verschiedenen Ausgang des Prozesses der Gegner wider seinen Willen in eine Eigentumsgemeinschaft versetzt würde. Ebenso wohl *Kaser*, Quanti (o. § 5 A. 8), 22, anders aber III, 152 und dort A. 45.

[13] Die Berufung des Ulpian auf Pomponius zeigt, daß die Frage offenbar umstritten war.

[14] Die Überlieferung freilich kritisiert *Monier*, La garantie contre les vices cachés dans la vente romaine (1930), 182, weil der Schluß ab „*dum*" zu dem vorhergehenden Text nur in ungenügender sachlicher Verbindung stehe; noch radikaler und ohne Begründung *Beseler*, TR 8 (1928), 303. Dennoch erscheint die Stelle jedenfalls sachlich vertrauenswürdig, vgl. *Haymann*, SZ 51 (1931), 481, *Pezzana*, AG 140 (1951), 69, *Pringsheim*, SZ 69 (1952), 282 f. und zum Bestand der *actio quanti minoris* gegen *Monier* 170 ff. auch *Kaser* I, 559 A. 50 m. w. N. Wie in Ulp. D. 46.7.5.7 (o. A. 9) wird auch hier der *procurator* den *cognitor* ersetzt haben, vgl. *Frese*, St. Bonfante 4 (1930), 418 A. 81 zu Ulp. D. 21.1.31.9.

[15] So richtig *Planck* (o. A. 6), 124.

§ 13. Kontradiktorische Streitverhältnisse

den wollte; denn für den Prätor war es offenbar weder zwingend geboten noch in jedem Fall zweckmäßig, eine Klage dieser Art zu denegieren[16]. Vielmehr konnte auch die Klage eines einzelnen durchaus erfolgreich sein, wenn der mangelhafte Sklave etwa bereits zurückgegeben oder das Interesse des Verkäufers an der Rückgabe durch den Tod des Sklaven inzwischen erloschen war. Dies zeigt der folgende § 6 eodem:

> Ulp. D. 21.1.31.6 1 ad ed. aed. cur.: Idem ait homine mortuo vel etiam redhibito singulos pro suis portionibus recte agere[17] ...

Soweit er den Kaufvertrag wandeln will, befindet sich somit jeder einzelne unter den Erben des Käufers in der gleichen Lage wie derjenige, der sich mit anderen Personen und vermittels eines gemeinsamen Sklaven einen Gegenstand gekauft hat und nunmehr vom Verkäufer gegen Zahlung seiner Quote die Übergabe seines Anteils begehrt. Zwar wird die Klage regelmäßig erfolglos bleiben, weil der Verkäufer seine Leistung bis zur Bewirkung der gesamten Gegenleistung zurückhalten darf[18]. Gleichwohl brauchte der Prätor die *actio* nicht zu versagen, zumal der Kläger gar obsiegen würde, wenn er vor dem *iudex* den Nachweis der Zahlung erbringt[19].

Schließlich enthält auch das in diesem Zusammenhang gelegentlich genannte[20] und uns bereits bekannte[21] Julianfragment D. 30.84.13 jeden-

---

[16] So gegen *Bethmann-Hollweg* (o. A. 12), aaO. *Redenti* 41 f. und dort A. 58, 102 f. Die Worte „dareque unum procuratorem", auf die sich *Bethmann-Hollweg* stützt, sind eher ein Zusatz der Zweckmäßigkeit, vgl. *Planck* (o. A. 6), 121 ff., 402 A. 16. Sie kennzeichnen den Weg, auf dem die zur erfolgreichen Wandlung regelmäßig nötige Übereinkunft aller Berechtigten prozessual am einfachsten zu verwirklichen war. Mit demselben Erfolg hätten die Erben auch selbst — mit einer oder mit getrennten Formeln — gemeinschaftlich klagen können; vgl. außer *Planck* und *Redenti Berger* (o. § 2 A. 23), 115 A. 1, *Kaser* III, 152 und dort A. 45. Prozessual war die Streitgenossenschaft nicht erforderlich, *Planck* 121 ff., *Castellari* (o. § 2 A. 2), 215, *Redenti* 41 f., *Betti* (o. § 5 A. 14), 439 A. 1, *Kaser* III, 152.

[17] Warum „vel etiam redhibito" ohne Sinn sein soll, so *De Martino*, Vel etiam nelle fonti giuridiche romane (1938), 27, ist nicht recht einzusehen. Insoweit nimmt auch *Beseler*, TR 8 (1928), 303, der die Stelle sonst wohl als einziger verdächtigt, keinen Anstoß.

[18] Ulp. D. 21.1.31.8; vgl. *Rabel*, SZ 42 (1921), 561, *Pringsheim*, SZ 50 (1930), 397, *Benöhr*, Das sogenannte Synallagma in den Konsensualkontrakten des klassischen Rechts (1963), 29 f., 34 f., 39 f., *Kaser* I, 530 A. 20. Zum ähnlichen Fall der Wandlung beim Kauf durch einen Miteigentumssklaven s. Ulp. D. 21.1.31.7; dazu *Beseler*, SZ 45 (1925), 441, zurückhaltender TR 8 (1928), 303.

[19] Vgl. zur notwendigen Streitgenossenschaft wie im Fall der Wandlung gegen *Linde*, *Bethmann-Hollweg*, *Kaser*, *Quanti*, jeweils o. A. 12, aaO.: *Planck* 121 A. 19 und *Castellari*, *Redenti*, *Betti*, *Kaser* III, jeweils o. A. 16, aaO.

[20] Vgl. *Linde* (o. A. 12), 94 ff., *Bethmann-Hollweg* 471 A. 71.

[21] Oben S. 29 f.

falls kein Beispiel notwendiger prozeßverbindender Streitgenossenschaft:

> Iul. 33 dig.: Si is cui legatum fuerat, antequam constitueret, qua actione uti vellet, decessit duobus heredibus relictis, legatum accipere simul venientes, nisi consenserint, non possunt: quare quamdiu alter rem vindicare vult, alter in personam agere non potest. sed si consenserint, rem communiter habebunt: consentire autem vel sua sponte debent vel iudice imminente.

Nach der Überlieferung können die Erben eines Vermächtnisnehmers, der die dingliche oder die persönliche Klage hätte wählen können, ihrerseits „*simul venientes*" das Vermächtnis nur erhalten, wenn sie sich auf die eine oder die andere Klage einigen. Selbst wenn dies so zu verstehen wäre, als ob in diesem Fall nur Streitgenossen erfolgreich wären[22], so geht der Text doch davon aus, daß sich die Erben bereits gemeinsam um Rechtsschutz an den Prätor wandten. Damit wird dem einzelnen nicht die Befugnis abgesprochen, allein und unabhängig von den anderen zu klagen[23].

4. Als Ergebnis ist festzustellen, daß es im Bereich der regelmäßigen kontradiktorischen Verfahren allem Anschein nach keinen Fall notwendiger prozeßverbindender Streitgenossenschaft gegeben hat, in dem der Prätor alle Beteiligten in einer Formel zusammenfassen und deshalb die Klage eines einzelnen Gläubigers oder gegen einen einzelnen Schuldner denegieren müßte.

§ 14. Die Notwendigkeit der Streitgenossenschaft bei den Teilungsklagen

1. Mit der Feststellung, daß es im Bereich der regelmäßigen kontradiktorischen Verfahren offenbar keinen Fall gegeben hat, in dem die prozeßverbindende Streitgenossenschaft notwendig war, könnte unsere Untersuchung in diesem Punkte abgeschlossen werden; denn wir erinnern uns, daß wir überhaupt nur diejenigen Personen als Streitgenossen bezeichnet haben, die in einem kontradiktorischen Streitverhältnis als Kläger oder als Beklagte in derselben Parteirolle auftreten[1]. Dennoch verdienen in diesem Zusammenhang auch die

---

[22] Dazu oben S. 30.
[23] Vgl. Paul. D. 30.85; so schon *Accursius* (o. § 2 A. 1), gl. simul: „secus si separatim" und *Bartolus* (o. § 2 A. 1) zu D. 30.84.13, *Redenti* 36 A. 53. Gegen die Beschränkung der Stelle auf zugleich erhobene Ansprüche jedoch *Salkowski* (o. § 5 A. 33), 14 ff. unter Bezug auf Paul. D. 30.33, das aber eine gemeinsame Klage nicht voraussetzt, sondern eher in Verbindung mit Paul. D. 30.85 zu verstehen ist. Zumindest wäre die geforderte Übereinstimmung wie in Ulp. D. 21.1.31.5 ff. allein aus dem materiellen Recht zu erklären, *Planck* (o. A. 6), 121 A. 19 und *Castellari* (o. A. 16), 215.

[1] Oben S. 11 f.

Teilungsverfahren Beachtung, soweit sich die Beteiligten nicht mit gegensätzlichen Behauptungen gegenüberstehen[2], sondern ausnahmsweise gleichgerichtete Interessen haben.

2. Dieser Fall tritt vor allem bei der *actio finium regundorum*, der Grenzscheidungsklage[3] auf, wenn zumindest eines der Grundstücke, um dessen Grenze man streitet, im Eigentum mehrerer Personen steht.

Gewiß war es diesen Personen nicht verboten, gemeinschaftlich am Verfahren teilzunehmen. Dies folgt aus Paul. D. 10.1.4.5/6:

> 23 ad ed. § 5: Si alter fundus duorum, alter trium sit, potest iudex uni parti adiudicare locum de quo quaeritur, licet plures dominos habeat, quoniam magis fundo quam personis adiudicari fines intelleguntur: hic autem cum fit adiudicatio pluribus, unusquisque portionem habebit, quam in fundo habet,
>
> § 6: et pro indiviso qui communem fundum habent, inter se non condemnantur: neque enim inter ipsos accipi videtur iudicium.

Hiernach kann der Richter auch dann, wenn das eine Grundstück zwei Personen und das andere dreien gehört, den umstrittenen Grenzstreifen einer der Parteien zusprechen, weil das Eigentum mehr dem Grundstück als den einzelnen Personen zugewiesen wird. Dies bedeutet wiederum, daß jeder Miteigentümer des siegreichen Grundstücks an dem hinzuerworbenen Streifen eine seiner Beteiligung entsprechende Quote erhält. Zu einer realen Aufteilung kommt es hingegen nicht: Miteigentümer desselben Grundstücks können untereinander gar keinen Grenzstreit führen.

Der überlieferte Text legt es nahe, daß Paulus unter der Partei, der der Grenzstreifen zugewiesen werden könne, die Miteigentümer des betreffenden Grundstücks in ihrer Gesamtheit verstand[4]. Dies bestreitet freilich *Biondi*[5] aus seiner Überzeugung heraus, nach der es im

---

[2] Dazu oben S. 11 und dort A. 5.

[3] Ist der fünf — oder sechs — Fuß breite, je zur Hälfte neben der Grenzlinie zwischen *agri limitati* laufende Grenzstreifen zwischen den Nachbarn streitig geworden, so hat der Richter in der *actio regundorum* den früheren Verlauf dieses Streifens zu ermitteln und festzustellen. Gelingt dies nicht, so kann er durch *adiudicatio* eine neue Grenze ziehen und den Begünstigten zum Ausgleich in Geld verurteilen. Insoweit gleicht das Verfahren den beiden anderen sog. Teilungsklagen, der *actio communi dividundo* und der *actio familiae erciscundae*, obgleich unter den um die Grenze streitenden Nachbarn keine aufzuteilende Rechtsgemeinschaft besteht, vgl. nur *Kaser* I, 142 f., 409 f., III, 265, Symbolae David I (1968), 85 ff.

[4] Vgl. *Biondi*, APal. 12 (1929), 243 und schon die — freilich eigenartige — ratio dubitandi bei *Faber* (o. § 2 A. 17), ad h. l.: „non videtur locus qui trium est dominorum, adiudicari posse parti, quae duos tantum habet dominos, ne tertiam partem vacare necesse sit, quae tertium dominum non sit inventura"; anders wohl *Bethmann-Hollweg* 468 f. und dort A. 59, *Ein*, Bull. 39.1 (1931), 173 f., *Kaser* III, 151 A. 39.

[5] (o. A. 4), aaO.; ursprünglich habe es „*uni domino*" geheißen.

klassischen Recht keinen Fall prozeßverbindender Streitgenossenschaft gab. Paulus sei vielmehr davon ausgegangen, daß nur ein einzelner Miteigentümer am Verfahren teilgenommen habe. Dies gehe aus den Worten „*quoniam magis fundo quam personis adiudicari fines intelleguntur*" hervor; mit ihnen habe der Jurist seine Ansicht gestützt, daß das Urteil außer für den unmittelbaren Prozeßbeteiligten auch für die anderen Miteigentümer verbindlich sei[6]. Indes kann Paulus bei den genannten Worten ebensogut daran gedacht haben, daß der umstrittene Grundstücksstreifen den obsiegenden Miteigentümern gemeinschaftlich — und nicht *pro rata* — zugewiesen werde. Diese Auslegung ist um so wahrscheinlicher, als auch der Schlußsatz des § 5 — „*hic autem cum fit adiudicatio pluribus, unusquisque portionem habebit, quam in fundo habet*" — von einer Eigentumszuweisung an eine Personengemeinschaft zeugt, die anders als auf Grund einer gemeinsamen Formel schwerlich vorzustellen ist[7]. Zu Unrecht sieht *Biondi* in diesem Satz eine nachklassische Ergänzung. Er meint, der Grenzstreifen habe mehreren Personen nur zu geteiltem Eigentum zugewiesen werden können, weil die Formel für jeden Beteiligten eine gesonderte *adiudicatio* enthalte[8]. Doch teilt der Richter bei der *actio finium regundorum* nicht wie bei der *actio communi dividundo* und der *actio familiae erciscundae* eine Rechtsgemeinschaft auf. Er stellt lediglich den früheren Grenzverlauf verbindlich fest oder zieht durch *adiudicatio* eine neue Grenze, falls die ursprüngliche nicht mehr erkennbar ist[9]. Dem widerspräche es, wenn der Richter jedem Miteigentümer einen besonderen Grundstücksteil zuweisen könnte. Paulus hebt dies im unmittelbar anschließenden, von *Krüger / Mommsen*[10] nur durch ein Komma abgeteilten § 6 eodem selbst hervor:

..., et pro indiviso qui communem fundum habent, inter se non condemnantur: neque enim inter ipsos accipi videtur iudicium.

Eine Verurteilung der siegreichen Miteigentümer untereinander findet deshalb nicht statt, weil die Aufteilung ihres gemeinschaftlichen Eigentums nicht Prozeßgegenstand der *actio finium regundorum* ist[11].

---

[6] So auch *Ein* (o. A. 4), aaO., unter Hinweis auf Pap. D. 3.5.30.7; dazu o. S. 44 f.

[7] Vgl. *Bethmann-Hollweg* 469 A. 59, *Redenti* 76 A. 111.

[8] *Biondi* (o. A. 4), 242 f. liest: „*[hic autem cum fit adiudicatio pluribus]* ⟨*et*⟩ *unusquisque portionem habebit, quam in fundo habet,* [*et*] *pro indiviso [qui — iudicium.]*"; ihm folgt *Ein* (o. A. 4), 174; radikaler noch *Beseler*, SZ 51 (1931), 68.

[9] Vgl. o. A. 3.

[10] Digesta ad h. l. Darüber hinaus besteht keine Einigkeit, ob die Worte „*et pro indiviso*" schon zu § 6 oder noch zu § 5 zählen; vgl. in diesem Sinne anders als *Krüger / Mommsen* etwa *Faber* (o. A. 4), aaO., *Cuiacius* (o. § 2 A. 1), in lib. XXIII Pauli ad Edictum ad h. l., *Bethmann-Hollweg* 469 A. 59. Sachliche Bedeutung hat dieser Unterschied nicht.

§ 14. Teilungsklagen

Anders als es sonst bei den Teilungsklagen üblich ist, streitet in diesem Sonderfall also nicht jeder Beteiligte gegen jeden. Vielmehr treten die Miteigentümer des einen Grundstücks wie Streitgenossen in einem kontradiktorischen Verhältnis gemeinsam gegen die Eigentümer des Nachbargrundstücks auf. Dabei ist ihre gemeinsame Rechtsverfolgung wohl nicht nur zulässig, sondern wie in einem gewöhnlichen Teilungsverfahren, das stets nur unter Mitwirkung aller Beteiligten eingeleitet werden konnte[12], auch zwingend geboten gewesen. Hierfür spricht bereits der Umstand, daß Paulus ihre Teilnahme offenbar voraussetzt, wenn er untersucht, ob der umstrittene Grenzstreifen den siegreichen Miteigentümern ungeteilt oder anteilig zugewiesen werde[13]. Vor allem aber ist die hieran anschließende, schon früher erwähnte[14] Paulusstelle D. 10.1.4.7 auf andere Weise kaum zu erklären:

> 23 ad ed.: Si communem fundum ego et tu habemus et vicinum fundum ego solus, an finium regundorum iudicium accipere possumus? et scribit Pomponius non posse nos accipere, quia ego et socius meus in hac actione adversarii esse non possumus, sed unius loco habemur. idem Pomponius ne utile quidem iudicium dandum dicit, cum possit, qui proprium habeat, vel communem vel proprium fundum alienare et sic experiri.

Paulus wirft die Frage auf, ob ein Grundstückseigentümer, dem zugleich eine ideelle Hälfte des Nachbargrundstücks gehört, mit dem

---

[11] *Biondi* (o. A. 4), 242 f., *Ein* (o. A. 4), 173 f. und *Beseler* (o. A. 8), 68 verdächtigen auch diese Stelle. Unter ihnen nennt allein *Biondi* nähere Gründe: der Satz „portionem habebit, quam in fundo habet, et ... qui communem fundum habent" enthalte eine Wiederholung; auch sei die Erwähnung der condemnatio unerwartet, da im übrigen nur von der adiudicatio gesprochen werde. Doch ist zunächst die Ähnlichkeit der Formulierung nicht Ausdruck sachlicher Wiederholung. Im § 5 legt Paulus dar, daß der Anteil eines jeden am hinzugewonnenen Stück seiner Beteiligung am Grundstück entspreche. Anschließend begründet er, warum der Anteil nur ein Bruchteil sei. In diesem Zusammenhang weist der Jurist zutreffend auf den Umstand hin, daß im Grenzscheidungsverfahren keine Auseinandersetzung stattfindet. Dabei trägt er mit der allgemeineren Vokabel „condemnari" der Möglichkeit Rechnung, daß es in einer Auseinandersetzung außer zu einer adiudicatio auch zu einer Geldverurteilung kommen kann. Immerhin hat schon *Cuiacius* (o. A. 10), aaO., die überlieferte Entscheidung als zu simpel bemängelt: „non hic est sensus, nec gravis, ut est auctor, Paulus esset, si hoc scriberet, quod nemo non videt, non novit, non nulli sunt fines, iudicium de finibus esse non posse". Er glaubt, § 6 sei ein Text des Sabinus, dem in § 7 die Erläuterung folge. Indes behandelt § 7 einen sehr speziellen Fall, dazu sogleich im Text. Zudem ist auch eine selbstverständliche Entscheidung als argumentum a maiore ad minus — „neque enim" — wohl geeignet.

[12] Vgl. PS. 1.18.4, Diocl. C. 3.36.17, *Kaser* III, 148 A. 4. Verweigerte allerdings einer der Beteiligten die Einlassung, so trafen ihn die Indefensionsfolgen, doch fand das Verfahren unter den übrigen wohl dennoch statt, Paul. D. 10.2.2.4, 43, *Kaser*, aaO. Erfaßt das Teilungsurteil nicht alle Parteien, so ist es nichtig, Paul. D. 10.2.27, *Kaser* III, 265 A. 14.

[13] Vgl. *Redenti* 75 ff., 76 A. 111.

[14] Oben S. 16.

Eigentümer der anderen Hälfte einen Prozeß um die Abgrenzung der beiden Grundstücke führen könne. Die Antwort hierauf findet er bei Pomponius. Dieser hat, wie Paulus berichtet, ein Grenzscheidungsverfahren für unzulässig gehalten, weil die beiden Personen in diesem Verfahren so angesehen werden müßten, als ob sie an der Stelle einer einzigen stünden; sie könnten deshalb nicht Prozeßgegner sein. Gleichwohl bedürfe es eines *iudicium utile* nicht. Der Alleineigentümer könne ja sein Grundstück oder aber seinen Anteil an dem Nachbargrundstück veräußern.

Diese Entscheidung darf entgegen *Biondi*[15] nicht dahin verstanden werden, daß Personen mit gleichgerichteten Interessen überhaupt nicht an einem und demselben Verfahren beteiligt sein könnten. Denn wenn der Alleineigentümer dem Vorschlag des Juristen folgt und sein Grundstück oder seinen Miteigentumsanteil veräußert, streiten auch hier zwei Personen auf derselben Seite des Verfahrens. Vielmehr wird der Grund darin zu sehen sein, daß das Grenzscheidungsverfahren auf die Beteiligung aller Eigentümer hin angelegt war, so daß der Alleineigentümer des einen Grundstücks als Miteigentümer des anderen Grundstücks auf beiden Seiten Prozeßpartei wäre[16].

Allerdings wird die Echtheit dieser Entscheidung von *Ein*[17] unter Berufung auf *Tiecke*[18] bestritten[19]. Wie § 5 eodem zeige, könne auch ein einzelner Miteigentümer ein für das gesamte Grundstück verbindliches Urteil erreichen. Daher müsse die *actio finium regundorum* ebenso zulässig gewesen sein, wie dies für die Servitutsklage im entsprechenden Falle mehrfach bezeugt sei. Außerdem sei es widersinnig, daß ein Grundstückseigentümer allein zum Zweck der Grenzbestimmung sein Grundstück zu veräußern habe. In D. 11.2.1 verlange dies auch Pomponius nicht.

Eins Argumente vermögen indes nicht zu überzeugen. Denn daß auch ein einzelner Miteigentümer die Grenzscheidungsklage erheben könne, ist jedenfalls Paul. D. 10.1.4.5 nicht zu entnehmen[20], und zwischen dieser und der Servitutsklage, die man unter den entsprechenden

---

[15] (o. A. 4), 222.
[16] So *Kreller*, SZ 49 (1929), 513; vgl. ferner *Redenti* 76 A. 111, *Arangio-Ruiz*, Bull. 21 (1909), 248, *Segrè* (o. § 5 A. 5), 169.
[17] (o. A. 4), 175 ff.
[18] De socio fin. reg. agente (1779), ohne nähere Angaben zitiert bei *Ein* (o. A. 4), 175 A. 1.
[19] Dem Index zufolge hat außer *Ein* (o. A. 17), aaO., nur noch *Riccobono*, Dalla communio del diritto quiritario alla comproprietà moderna, in: Essays in legal history, ed. by P. Vinogradoff (1913), 46 A. 4 die Worte „*in hac actione*" als Glossem verdächtigt.
[20] Oben S. 89 f.

Voraussetzungen in der Tat zugelassen hat[21], besteht ein seit alters erörterter[22] Unterschied.

In diesen Fällen wendet sich nämlich der Alleineigentümer des herrschenden Grundstücks gegen Beeinträchtigungen seiner Servitut etwa durch Immissionen[23] oder durch ein Bauvorhaben seines Nachbarn, durch das sich eine Mauer, die ihnen beiden gemeinsam gehört, gegen ein ihm allein gehörendes Gebäude senkt[24]. An diesen Beeinträchtigungen ist er selbst nur insoweit beteiligt, als er Miteigentümer des Nachbargrundstücks oder der Mauer ist, von der die Beeinträchtigung durch den anderen Gemeinschafter ausgeht[25]. Dagegen steht bei der *actio finium regundorum* gerade das Eigentum im Streit. In dem von Paulus und Pomponius behandelten Fall würde daher der Alleineigentümer des einen Grundstücks mit der Grenzänderung ein Gebiet verlangen, das ihm als Miteigentümer des anderen Grundstücks schon gehört[26].

Infolgedessen verdient die uns überlieferte Lösung durchaus Vertrauen. Dieses wird entgegen *Ein* auch durch Pomp. D. 11.2.1[27] nicht gemindert:

13 ad Sab.: Si inter plures familiae erciscundae agetur et inter eosdem communi dividundo aut finium regundorum, eundem iudicem sumendum: praeterea, quo facilius coire coheredes vel socii possunt, in eundem locum omnium praesentiam fieri oportet.

Hiernach hat Pomponius die Ansicht vertreten, daß ein und derselbe Richter zur Entscheidung berufen werden solle, wenn die an einer Erbauseinandersetzung beteiligten Personen zugleich um eine Sach- oder Grenzteilung streiten.

---

[21] Vgl. Pomp. D. 8.2.27, D. 8.5.14.1.

[22] So hat etwa *Cuiacius* (o. A. 10), aaO. angenommen, daß Servituten durch Ersitzung erworben werden könnten, daß dieses aber nicht für eine umstrittene Grenze gelte und daher hier eine Klage nicht erforderlich sei. *Faber* (o. A. 4), zu D. 10.1.4.7, hat betont, daß bei der Servitutsklage jeder einzelne Beteiligte aus eigenem Recht zum Schutze seiner Person vorgehe, während die Grenzen bereits allen Beteiligten gemeinschaftlich zuzurechnen seien. Ähnlich hat *Glück*, Pandecten, Bd. 10 (1808), 466 die *actio finium regundorum* deshalb für unzulässig gehalten, weil sich das Miteigentum ungeteilt auf die gesamte Sache beziehe und daher die *actio communi dividundo* die rechte Klage sei; weiteres bei *Glück*, aaO., und *Ein* (o. A. 4), 176 A. 1.

[23] Vgl. Pomp. D. 8.2.27.

[24] Vgl. Pomp. D. 8.5.14.1.

[25] Vgl. *Faber* (o. A. 22), aaO.: „Aliud est in actione negatoria de servitute, quam potest unus ex sociis pro re propria intendere contra socium, quoniam in ea non de finibus agitur qui uni sunt, sicuti fundus communis unus est, quamvis plures habens dominos, sed de iure proprio, contra socii, qui solus fecit, personam tuendo".

[26] So *Segrè* (o. A. 16), aaO.

[27] Daß die Titelrubrik: „*de quibus rebus ad eundem iudicem eatur*" auf eine Ediktsklausel gleichen Inhalts hinweise, hat gegen *Bethmann-Hollweg* 462 A. 39 schon *Redenti* 97 A. 150 mit Grund bezweifelt.

Tatsächlich zeugt diese Stelle von der Häufung verschiedener Teilungsverfahren. Dies allein gibt jedoch keinen Anlaß, mit *Ein* anzunehmen, Pomponius habe einen Grenzstreit auch dann zugelassen, wenn das eine Grundstück der Auseinandersetzung unterlag und im gemeinschaftlichen Eigentum aller Beteiligten stand, während das andere Grundstück nur einigen von ihnen gehörte. Vielmehr legt der allgemeine Charakter seiner Formulierung die Vermutung nahe, daß er überhaupt nur an regelmäßige Teilungsklagen dachte, die allein durch die Identität der beteiligten Personen miteinander verbunden sind[28].

Endlich kann die von Paulus und Pomponius überlieferte Entscheidung D. 10.1.4.7 auch ihre Härte verlieren. Denn die *alienatio*, die dem beiderseits der Grenze beteiligten Allein- oder Miteigentümer aufgegeben wird, braucht nicht notwendig als Veräußerung verstanden zu werden. Um dessen verfahrenshindernde Doppelstellung zu beseitigen, würde es wohl auch genügen, wenn dieser sein eigenes Grundstück oder seinen Anteil an dem Nachbargrundstück für den Prozeß zu treuen Händen einem Dritten überträgt[29].

3. Dieselbe Situation wie bei der gemeinsamen Beteiligung von Miteigentümern an der *actio finium regundorum* tritt bei allen Teilungsverfahren außerdem in jenem Falle ein, in dem nach der *litis contestatio* einer der Beteiligten stirbt und mehrere Erben hinterläßt:

Paul. D. 10.2.48 12 ad Sab.: Si familiae erciscundae vel communi dividundo vel finium regundorum actum sit et unus ex litigatoribus decesserit pluribus heredibus relictis, non potest in partes iudicium scindi, sed aut omnes heredes accipere id debent aut dare unum procuratorem, in quem omnium nomine iudicium agatur.

Ein Teilungsverfahren kann, so sagt Paulus, nach dem Tode eines Gemeinschafters nicht mit jedem einzelnen seiner Erben gesondert fortgesetzt werden. Vielmehr müßten sich alle zusammen bereit finden und entweder persönlich an die Stelle des Verstorbenen treten, oder

---

[28] Ähnlich Paul. D. 10.2.25.3 - 5, Ulp. D. 17.2.52.14; vgl. nur *Planck* (o. § 2 A. 2), 137, *Bethmann-Hollweg* 466 A. 53, *Berger* (o. § 2 A. 23), 15 A. 1. Anders will *Redenti* 99 A. 152 die Stelle auf einzelne Teilungsklagen beziehen und deshalb die Worte „et inter eosdem" im Sinne von „et si" verstehen, während *Biondi* (o. A. 4), 215, statt dessen „aut" einsetzt und die Worte „aut finium regundorum — praeterea" tilgt. Er meint, weder die Sach- noch die Grenzteilungsklage könne mit der *actio familiae erciscundae* zwischen denselben Personen konkurrieren; vor der Teilung handele es sich nicht um „domini distincti", später nicht mehr um eine Regelung der Grenzen hinsichtlich der gemeinsamen Sache. Nach ihrer Lesung vermag die Stelle erst recht nicht die Ansicht *Eins* (o. S. 92) zu stützen.

[29] Vielleicht hat Paulus ursprünglich auf die *fiducia* hingewiesen, Justinian aber diesen Hinweis mit der generellen Beseitigung dieses Instituts unterdrückt; dazu nur *Kaser* II, 226 f.

aber einen Prozeßvertreter bestellen, auf den das Verfahren im Namen aller übertragen werden könne[30].

4. Diese beiden Fälle sind, soweit erkennbar, die einzigen, in denen mehrere Personen mit gleichgerichteten Interessen gemeinsam in einem Verfahren auftreten müssen[31], weil sie Partei in einem Teilungsstreit sind, der auf eine endgültige Auseinandersetzung oder Grenzbereinigung gerichtet ist. Als Gemeinschafter unterscheiden sie sich von den Streitgenossen in einem kontradiktorischen Prozeßverhältnis auch durch ihre eigentümliche Doppelstellung, die sie gemeinsam als Kläger und zugleich als Beklagte den anderen Beteiligten gegenüber innehaben. Dennoch ist das Ergebnis für unsere Untersuchung bedeutungsvoll. In ihm bestätigt sich die Erfahrung, daß die Klagformeln mit Rücksicht auf die Zahl und die Stellung der beteiligten Personen durchaus variabel waren. Obwohl die Teilungsklagen grundsätzlich als *iudicia duplicia* ausgestaltet waren, damit jede Partei zugunsten jeder anderen in den Saldo verurteilt werden konnte, der sich aus der Abrechnung ihrer jeweiligen Einzelforderungen ergab[32], hatten die Klassiker offenbar keine dogmatischen Bedenken, daß an ihnen auch solche Personen teilnahmen, die im Verhältnis zueinander von der Abrechnung ausgenommen waren.

---

[30] Ohne Not verdächtigt *Biondi* (o. A. 4), 248 f. auch diese Stelle und liest: „... sed [aut] omnes heredes [accipere id] debent [aut] dare unum procuratorem, in quem omnium nomine iudicium [agatur] ⟨transferatur⟩", vgl. — zu Paul. D. 3.3.42.7 — o. § 13 A. 10; ferner *Bethmann-Hollweg* 452 und dort A. 194, *Redenti* 70 f., *Betti* (o. § 5 A. 14), 450 f., *Wenger* 80 A. 13, *Pugliese* 276, *La Rosa* (o. § 2 A. 14), 213 A. 184, 214 A. 187, *Kaser* III, 152 und dort A. 43, 45, 265 und dort A. 14. Dabei hat Paulus statt vom *procurator* wohl vom *cognitor* gesprochen, vgl. *Koschaker* (o. § 13 A. 11), 250 A. 1, *Redenti* 101 A. 154, *Wenger*, aaO., *Biondi* 249 A. 1, *Pugliese* 275.

[31] Vgl. dazu o. A. 12. Anders als *Bethmann-Hollweg* 468 f. und *Kaser* III, 151 f. machen freilich *Redenti* 64 ff., 70 f., 75 ff., *Arangio-Ruiz* (o. A. 16), 247 f., *Betti* (o. A. 30), 450 f., *Wenger* 80 A. 11, 13 zwischen der Parteienmehrheit bei den Teilungsklagen und den kontradiktorischen Streitverhältnissen keinen Unterschied.

[32] Vgl. nur *Kaser* III, 266.

Dritter Teil

Die prozeßhäufende Streitgenossenschaft

§ 15. Die Begründung der prozeßhäufenden Streitgenossenschaft Das Verfahren vor dem Gerichtsmagistrat

1. Neben der eigentlichen, prozeßverbindenden Streitgenossenschaft hat in klassischer Zeit wohl auch die Möglichkeit bestanden, daß der Prätor verschiedene Verfahren, die von mehreren oder gegen mehrere Personen angestrengt wurden, ohne eine gemeinsame Formel zusammenfaßte, indem er allen Beteiligten mit deren Einverständnis denselben Richter bestellte. Diese Prozeßhäufung ist als Prozeßverbindung minderer Intensität vermutlich ohne weitere Voraussetzungen zulässig gewesen. Man wird daher diesen Weg vor allem dort beschritten haben, wo keine gemeinsame Formel zur Verfügung stand, in der alle Beteiligten als Kläger oder Beklagte hätten genannt werden können, wo aber dennoch wegen der Verwandtschaft der zugrundeliegenden Sachverhalte wie im Falle einer Widerklage eine Beurteilung durch denselben Richter wünschenswert war[1].

2. In einigen Fällen besteht darüber hinaus zu der Frage Anlaß, ob dem Prätor diese Klagenhäufung nicht sogar zwingend vorgeschrieben war: wenn mehrere Personen gegen eine andere ein Statusverfahren anstrengen oder wenn Mitvormünder oder Miterben eines Vormundes aus der Vormundschaft in Anspruch genommen werden.

Ulpian berichtet nämlich in D. 40.12.8.1/2 — wie wir schon gesehen haben[2] — von einem nicht näher bezeichneten *senatus consultum*, nach dem der Prätor einen und denselben Richter einsetzen müsse, wenn mehrere Personen behaupten, Miteigentümer oder Eigentümer und Nießbraucher oder Eigentümer und Pfandgläubiger einer anderen Person zu sein. Gleichwohl war der Prätor nicht in jedem Fall gezwungen, für Miteigentümer oder für einen Eigentümer, neben dem ein Nieß-

---

[1] Vgl. Quint. inst. or. 3.10.1/2 (o. S. 26 ff.); zur Widerklage *Kaser* III, 264, *Behrends*, Die römische Geschworenenverfassung (1970), 198 ff. Anlaß zur Erörterung geben offenbar nur die Fälle, in denen man wie in Statusverfahren oder bei Klagen gegen Mitvormünder die Verhandlung nach Möglichkeit vor einem und demselben Richter durchzuführen suchte; dazu sogleich im Text.
[2] Oben S. 23 ff.

§ 15. Verfahren vor dem Gerichtsmagistrat

braucher oder Pfandgläubiger stand, denselben Richter zu bestellen. Hierfür ist es nicht entscheidend, ob der überlieferte Text, wie dies freilich wohl anzunehmen ist, überhaupt Vertrauen verdient[3] und sich zumindest auch auf den Formularprozeß bezieht[4]. Denn zum einen regelt der Senatsbeschluß augenscheinlich nur den Fall, daß sich die bezeichneten Personen gemeinschaftlich um Rechtsschutz an den Prätor wand-

---

[3] Ohne überzeugenden Grund will *Biondi*, APal. 12 (1929), 227 ff. in § 1 die Worte „*ad eundem iudicem mittendi erunt*" und den Schlußsatz „*neque enim — vindicet*" tilgen, den auch *Behrends* (o. A. 1), 204 A. 65 als Glossem verdächtigt. *Biondi* beruft sich darauf, daß Gai. D. 40.12.9.2, Iul. D. 40.12.30 und Pap. D. 44.2.29.pr. anderenfalls nicht die schwierige Frage des Ausgleichs gegensätzlicher Entscheidungen hätten zu erörtern brauchen. Doch ist es bei Gaius trotz des SC zu unterschiedlichen Urteilen gekommen, vgl. D. 40.12.9.pr./1; dazu sogleich im Text. Julian (5 ex Minicio) könnte ein Beispiel des Minicius behandeln, der das SC noch nicht gekannt zu haben braucht, *Marrone*, APal. 24 (1955), 316 A. 592; zur Interpolation *Marrone* 313 ff., *Franciosi* (o. § 5 A. 14), 101 ff., *Kaser* III, 294 A. 47, *Behrends* 205 A. 72. Schließlich betrachtet Papinian in dem *Biondi* interessierenden zweiten Teil der Stelle die *querela inofficiosi testamenti*, *Marrone* 466 ff., *Kaser* III, 397 A. 60. Vgl. im Ergebnis wie hier auch *Redenti* 26 A. 37, der sich auf die Vermutung beschränkt, daß Julian und Papinian das SC wohl nicht gekannt hätten, während Gaius in D. 40.12.9 gar nicht die *vindicatio in servitutem*, sondern *ex servitute in libertatem* betrachte — dazu aber u. A. 6 —; ferner *Betti* (o. § 5 A. 14), 438 f. (dazu u. A. 8), *Franciosi* 106 ff., *Kaser* III, 152 A. 48, *Liebs* (o. § 5 A. 25), 204 A. 148. Ohne Notwendigkeit tilgt *Biondi*, aaO., deshalb — an sich konsequent — in Ulp. D. 40.12.8.2 die Vokabel „*iudex*". Er kann seine Ansicht ebensowenig darauf stützen, daß Ulpian selbst im pr. eodem den Nießbraucher vor dem Eigentümer für klagberechtigt gehalten habe. Denn der Jurist spricht mit den Worten „*Cognitio de liberali causa usufructuario datur, etiamsi dominus quoque velit ... movere status controversiam*" a u c h dem Nießbraucher die Klagberechtigung zu, ohne sie zugleich dem *dominus* zu nehmen, *Marrone* 320 A. 601. Auch *Behrends*, der *fiducia* an die Stelle von *pignus* setzt und in diesem Sinne den überlieferten Text korrigiert, hält gegen *Biondi* die Verweisung statusbedrohender Vindikationsprozesse vor denselben *iudex* für klassisches Recht, aaO., 202 ff., 203 A. 58, 204 A. 67. Eine andere Frage betrifft die Zuständigkeit gerade des Einzelrichters; dazu u. A. 4.

[4] Anders *Bekker*, Die Aktionen des römischen Privatrechts II (1873), 197 A. 30, *Bongert*, Recherches sur le récupérateurs, in Varia I (1952), 198 und dort A. 6, *Pugliese*, Il processo formulare I (1948), 262 f., *Schmidlin*, Das Rekuperatorenverfahren (1963), 91 A. 2. Wahrscheinlich hat Ulpian jedoch das in den Statusprozessen neben das ordentliche getretene außerordentliche Verfahren in den Büchern *de officio consulis* behandelt und sich im Ediktskommentar generell auf das ordentliche Verfahren beschränkt, vgl. etwa D. 40.12.27, *Franciosi* (o. A. 3), 107, 129 f., *Metro*, La denegatio actionis (1972), 223 ff.; ferner *Poláček*, SZ 63 (1943), 407 A. 7, *Kaser* III, 152 und dort A. 48, *Behrends* (o. A. 1), 202 ff. Auch mag gerade in D. 40.12.8.1 der Ausdruck „*ad eundem iudicem mittendi erunt*" an die Zweiteilung des Formularverfahrens vor dem Prätor und dem Richter erinnern, *Marrone* (o. A. 3), 308 f. Allerdings ist die Zuständigkeit des Einzelrichters umstritten, vgl. einerseits *Behrends* 113 A. 106, 204 A. 68, andererseits *Marrone* 309 A. 570, *Franciosi* 106 ff., *Schmidlin* 87 und dort A. 3, die an die Rekuperatoren denken. Doch kann „*iudex*" abstrakt als „der — im gegebenen Fall zuständige — Richter" zu verstehen sein, gleichgültig, ob dies ein Einzelrichter oder eine Richterbank ist.

ten. Zum anderen erfahren wir von Gaius, daß selbst unter dieser Voraussetzung Ausnahmen zulässig waren:

Gai. D. 40.12.9.pr. ad ed. praet. urb. tit. de lib.c.: Si pariter adversus eum, qui de libertate litigat, consistant fructuarius et proprietarius, fieri potest, ut alteruter absit: quo casu an praesenti soli permissurus sit praetor adversus eum agere, dubitari potest, quia non debet alterius collusione aut inertia alteri ius corrumpi. sed rectius dicitur etiam alterutri eorum permittendum agere, ut alterius ius incorruptum maneat. quod si adhuc nondum finito iudicio supervenerit, ad eundem iudicem mittetur, nisi si iustam causam adferat, quare ad eum mitti non debeat, forte si eum iudicem inimicum esse adfirmet.

§ 1 eodem: Idem dicemus et si duo pluresve domini esse dicantur et quidam praesto sint, quidam aberint.

Mehrere Personen sind als Eigentümer und Nießbraucher oder als Miteigentümer eines angeblichen Sklaven zunächst gemeinsam vor dem Prätor aufgetreten. Später ist am Termin zur Streiteinsetzung einer von ihnen ausgeblieben[5]. Dem Bericht des Gaius zufolge hatte man nun Bedenken, die Erschienenen allein zur Klage zuzulassen[6]; denn man befürchtete, daß sie durch Kollusion oder Untätigkeit die Rechtsposition des Säumigen schwächen könnten. Gaius hat die Bedenken indessen nicht geteilt und daher wohl im Einklang mit der herrschenden Meinung die Klage der erschienenen Personen zugelassen[7]. Folglich konnte es nur dann noch zu einer gemeinsamen Verhandlung mit dem Säumigen kommen[8], wenn dieser vor den Beendigung des ersten Verfahrens

---

[5] Anders denkt *Redenti* 26 A. 37 an eine *absentia in iudicio*. Doch meint „consistere" wohl im Gegensatz zu der Frage, ob der Prätor „permissurus sit ... adversus eum agere", also die actio teilen dürfe, nicht im technischen Sinne die Klagerhebung, *Betti* (o. A. 3), 435 A. 2, *Marrone* (o. A. 3), 318 A. 598, *Metro* (o. A. 4), 223 A. 103.

[6] Entgegen *Redenti* 26 A. 37 handelt es sich auch hier wie in Ulp. D. 40.12.8.1 um eine *vindicatio in servitutem* und nicht *ex servitute in libertatem*. Denn mag auch „agere" an sich mehrdeutig sein, meint es doch hier wohl die Klagerhebung, vgl. o. A. 5, *Betti* (o. A. 3), 435 und dort A. 2; ebenso *Planck* (o. § 2 A. 2), 114, *Marrone* (o. A. 3), 318, *Kaser* III, 152 und dort A. 48, *Behrends* (o. A. 1), 205 f.

[7] *Behrends* (o. A. 1), 205 f. kritisiert insoweit allerdings den überlieferten Text der Stelle. Er nimmt an, die Kompilatoren hätten den *assertor* verdrängt und übersehen, daß nur der Alleingang des Nießbrauchers Probleme aufwerfe; auch daß einem der Beteiligten ein Rechtsverlust drohe, sei eine Mutmaßung der Kompilatoren, für die der Zusammenhang nichts hergebe. In der Tat ist die Stelle nicht unberührt, denn die Kompilatoren haben, wie die mit „sed rectius" beginnende Entscheidung zeigt, zumindest wohl den Streitbericht verkürzt, *Marrone* (o. A. 3), 317 ff. Doch erkennt auch *Behrends* an, daß man — wenn dies auch unangenehm war — den erschienenen Nießbraucher oder Miteigentümer zunächst allein prozessieren ließ.

[8] Und zwar offenbar auf Grund des von Ulp. D. 40.12.8.1 erwähnten SC, vgl. *Behrends* (o. A. 1), 205 f. Anders glaubt *Betti* (o. A. 3), 433 ff., 437, daß die vorher erwähnte Möglichkeit, dem Anwesenden allein die Klage zu erteilen, mit dem SC unvereinbar sei, und nimmt deshalb an, daß das SC erst zu einer späteren Zeit erging und daher die Worte „quod si — adfirmet" interpoliert

erneut vor dem Prätor erschien und überdies, wie es heißt, keinen begründeten Anlaß hatte, den für die anderen bereits bestellten Richter abzulehnen[9].

Sonach sollte der Prätor bei diesen Statusverfahren wohl nach Möglichkeit allen Beteiligten denselben Richter bestellen, weil dies zum Zwecke der gemeinsamen Verhandlung wünschenswert war. Dabei hat es ihm vermutlich freigestanden, auch eine förmliche Prozeßverbindung zu wählen, wenn für alle Beteiligten, wie etwa für Miteigentümer, dieselbe Musterformel zutraf. Doch war er zur Bestellung desselben Richters jedenfalls nicht unter allen Umständen gezwungen.

Dieses Bild wiederholt sich, wenn wir die Quellen betrachten, die sich mit der Klage gegen Mitvormünder oder Miterben eines Vormundes befassen:

Gord. C. 5.51.5: Omnes tutores seu heredes eorum, qui administraverunt tutelam, ad eundem iudicem ire debere iam pridem constitutum est. cum igitur patrem tuum cum alio tutelam administrasse adlegas, praeses provinciae eundem iudicem adversus te atque heredes contutorum patris tui dare debebit, quatenus quisque condemnari debeat, examinaturum (a. 238).

Dem Bericht des Gordian zufolge hat bereits seit längerer Zeit die Regelung bestanden, daß alle Tutoren, die dieselbe Vormundschaft verwalten, wie ihre Erben demselben Richter vorzuladen seien, damit dieser untersuchen könne, inwieweit ein jeder hafte.

Warum nicht jeder Vormund oder Erbe auf das Ganze einzustehen habe, wie dies bei gemeinsamer Verwaltung vorgesehen war[10], ist freilich sehr umstritten. Dabei denken einige an das *beneficium divi-*

---

seien. Im Ergebnis ebenso *Biondi* (o. A. 3), 230 f., der sich vor allem auf Ulp. D. 40.12.8.pr. und Gai. D. 40.12.9.2 beruft. Doch kann die von Gai. D. 40.12.9.2 behandelte Frage, ob der Sieg des einen dem anderen nütze, auch gerade dann auftreten, wenn der bei der Streiteinsetzung ausgebliebene Prätendent nicht mehr vor dem Ende des ersten Verfahrens zurückkehrt, vgl. *Marrone* (o. A. 3), 320 und dort A. 601; zu Ulp. D. 40.12.8.pr. s. o. A. 3.

[9] Der Schluß „*nisi si — adfirmet*" mag ein nachklassischer Zusatz sein, *Redenti* 26 A. 37, *Biondi* (o. A. 3), 230, *Marrone* (o. A. 3), 317 ff., anders *Behrends* (o. A. 1), 206; doch hat dies für unsere Untersuchung keine Bedeutung. Darüber hinaus glaubt *Arangio-Ruiz*, Bull. 21 (1909), 245, daß nach dem Sinn des von Ulpian erwähnten SC jeder weitere Miteigentümer auch dann seinen Klaganspruch vor dem Richter des ersten Verfahrens habe verhandeln müssen, wenn dieses längst abgeschlossen sei. Die Formulierungen bei Ulp. D. 40.12.8.1: „*dicentes esse communem*" und Gai. D. 40.12.9.pr.: „*si pariter adversus eum ... litigant*" sprechen jedoch eher gegen seine Ansicht; wie hier *Redenti* 26, *Marrone* 320, *Kaser* III, 152 und dort A. 48, *Behrends* 206 und dort A. 76.

[10] Vgl. etwa Call. D. 26.7.33.2, Car. Carin. et Numer. C. 5.52.2; s. nur *Kaser* I, 366. Dagegen wenig überzeugend *Voci* (o. § 2 A. 16), 97 ff., der im Formularprozeß von einem *beneficium divisionis* der Mittutoren ausgeht (o. S. 76 ff.) und deshalb diese Stellen auf den Kognitionsprozeß beziehen will: dort bedürfe es eines *beneficium divisionis* nicht, da das Interesse des belangten Tutors durch eine Klagenzession gewahrt werden könne. Zu *Liebs* s. u. A. 23.

sionis[11] oder an die Rechnungslegung[12], andere an *tutores legitimi*[13] oder an den Kognitionsprozeß[14]; manche Autoren glauben auch, Gordian habe ausschließlich Miterben eines Vormunds gemeint[15]. In der Tat ist die Stelle nicht ohne Anstoß[16]. Sie kann jedoch grundsätzlich wohl vertrauenswürdig sein und auch den Formularprozeß betreffen, wenn die Vormünder — wie dies regelmäßig geschah — für sachlich oder räumlich verschiedene Aufgaben eingesetzt waren[17]. Dies ist um so wahrscheinlicher, als ein Mitvormund, der allein belangt worden war, in diesem Fall nach Papinian sogar das Recht besaß, selbst eine gemeinsame Untersuchung zu verlangen:

---

[11] Unkritisch *Planck* (o. A. 6), 116 ff., 128; zweifelnd *Voci* (o. A. 10), 96 f. Dieser nimmt an, daß die Erben der Tutoren, um die es im zweiten Teil der Stelle gehe, zu verschiedenen Quoten verpflichtet sein könnten; deshalb sei die Beziehung auf das *beneficium divisionis* unsicher.

[12] *Redenti* 58 ff., *Arangio-Ruiz* (o. A. 9), 247. Zur Rechnungslegung ist aber gegebenenfalls jeder Tutor verpflichtet, *Solazzi*, Istituti tutelari (1929), 264; s. auch *Levy* (o. § 2 A. 7), 197 A. 6.

[13] *Solazzi* (o. A. 12), aaO.; doch haften mehrere gleichnahe gesetzliche Vormünder bei gemeinsamer Verwaltung ebenfalls solidarisch, *Kaser* I, 362, 366.

[14] So *Solazzi* (o. A. 12), aaO., — der dabei an *tutores legitimi* denkt (o. A. 13) — und *Pugliese* 278; dagegen *Kaser* III, 123 f. und dort A. 63 f., 152.

[15] So früher *Solazzi*, Riv. it. 54 (1914), 60 A. 1 = Scritti di dir. rom. II (1957), 55 A. 54 (s. aber o. A. 13/14); ferner *Levy* (o. A. 12), 197 A. 6, *Betti* (o. A. 3), 457 A. 1.

[16] Zunächst heißt es, der Vater habe die Vormundschaft „*cum alio*" verwaltet, später wird von den „*heredes contutorum patris tui*" gesprochen, *Solazzi*, Scritti (o. A. 15), 54 f., Istituti tutelari (o. A. 12), 271, *Biondi* (o. A. 3), 234.

[17] Vgl. etwa Venul. D. 26.7.51: „... *at si inter eos divisa sit tutela regionibus, quod plerumque fit* ...", Car. Carin. et Numer. C. 5.52.2.pr.: „*Si divisio administrationis inter tutores ... necdum fuit* ..."; die Anordnung konnte nur durch den Erblasser oder auf Vorschlag der Tutoren vom Magistrat getroffen werden, Ulp. D. 26.7.3.4/9, fr. 4 eodem, C. 5.52.2, *Kaser* I, 362. Insbesondere werden in Gord. C. 5.51.5 die sonst schwer zu deutenden Worte „*quatenus quisque condemnari debeat*" am besten bei geteilter Verwaltung verständlich. Freilich ist auch *Vocis* Lösung sinnvoll, soweit sie sich auf die Erben der Tutoren beschränkt (o. A. 11). Der Zusammenhang der beiden Sätze der Entscheidung legt es jedoch nahe, daß die Lösung Gordians gleichermaßen für die Tutoren gelten sollte. Das *beneficium divisionis*, das *Voci* in diesem Fall wohl zur Erklärung heranziehen würde, ist indessen als klassische Einrichtung nicht nur sehr umstritten (o. S. 77 und dort A. 28). Auch der Umstand, daß die geteilte Verwaltung in den Quellen deutlich als Regelfall dargestellt wird und dementsprechend die Entscheidung Gordians anfänglich durchaus allgemein gehalten ist, spricht eher für die hier vertretene Ansicht. Dabei mag es dahinstehen, ob das Gebot, für alle denselben Richter zu bestellen, nur innerhalb der allgemeinen Zuständigkeitsregeln oder auch darüber hinaus Gültigkeit besaß, vgl. — im ersten Sinne — Paul. D. 3.3.54.1: „*Tutores, qui in aliquo loco administraverunt, eodem loco et defendi debent*", *Castellari* (o. § 2 A. 2), 210 f., *Solazzi*, Scritti II (o. A. 15), aaO., ders. (o. A. 12), 265, *Levy*, SZ 37 (1916), 82 A. 1.

§ 15. Verfahren vor dem Gerichtsmagistrat

Pap. D. 11.2.2 2 quaest.: Cum ex pluribus tutoribus unus, quod ceteri non sint idonei, convenitur, postulante eo omnes ad eundem iudicem mittuntur: et hoc rescriptis principum continetur.

Allerdings ist diese — bereits erwähnte[18] — Stelle in ähnlichem Sinne umstritten wie die Entscheidung Gordians. Man nimmt an, sie habe ursprünglich Miterben oder Mitbürgen eines Vormundes betroffen[19], man glaubt an einen Fall der Rechnungslegung[20] oder denkt an *tutores legitimi*[21], an den Kognitionsprozeß[22] oder auch an das zweifelhafte *beneficium divisionis* mehrerer, gemeinsam verwaltender Tutoren[23]. Erst in letzter Zeit hat Voci, wie wir uns erinnern, das *beneficium divisionis* für eine klassische Einrichtung gehalten und in diesem Zusammenhang die Stelle als Beleg der Streitgenossenschaft benannt[24]. Tatsächlich wäre es mit den Regeln des Formularprozesses[25] schwerlich vereinbar gewesen, wenn solidarisch haftende Tutoren in getrennten Prozessen jeweils auf das Ganze belangt worden wären, solange die Klassiker, wie dies auch Voci glaubt, von einem Konsumptionsverhältnis ausgegangen sind[26]. Wir haben jedoch gegen seine These, die darin mündet, daß die Tutoren schließlich mit der Klausel „*nec additum, ut, quod ab altero servari non possit, alter suppleret*" verurteilt worden seien, Bedenken erhoben. Eher hat sich die Entscheidung Papinians wie Gord. C. 5.51.5 auf die sachlich oder räumlich getrennte Verwaltung bezogen[27], zumal die „*missio apud eundem iudicem*" hier ebenso wie bei den Freiheitsklagen mehr auf eine bloße Prozeßhäufung vor demselben Richter als auf eine prozeßverbindende Streitgenossenschaft

---

[18] Oben S. 77.
[19] An Miterben oder Mitbürgen eines Vormundes denken Solazzi und Betti, jeweils o. A. 15, aaO., an Mitbürgen auch Levy (o. A. 17), aaO.
[20] Vgl. Redenti, Arangio-Ruiz und die Kritik dazu, jeweils o. A. 12, aaO.
[21] So Solazzi (o. A. 12), 263 ff., doch s. dazu o. A. 13.
[22] So Solazzi (o. A. 21), aaO. und Pugliese 278; dagegen Kaser III, 152 und Voci (o. A. 10), 88 A. 71.
[23] So ohne Kritik noch Planck (o. A. 11), aaO. Dagegen sehen Arangio-Ruiz (o. A. 12), aaO., Solazzi, Scritti II (o. A. 15), aaO. und Biondi (o. A. 3), 238 f. in den Worten „*quod ceteri non sint idonei*" eine spätere Korrektur, während Liebs (o. A. 3), 188, der freilich von einem Solutionsverhältnis ausgeht (o. § 11 A. 21), an eine klassische Kontroverse zwischen Papinian und etwa Tryph. D. 26.7.55.pr. und Car. Carin. et Numer. C. 5.52.2 um dieses *beneficium* glaubt. Wieder anders Voci; dazu sogleich im Text.
[24] Oben S. 76 ff.
[25] Auch Voci (o. A. 10), 88 A. 71 bezieht die Stelle auf den Formularprozeß.
[26] Vgl. o. § 11 A. 21.
[27] Auch bei geteilter Verwaltung hat der zunächst allein belangte Vormund ein Interesse an einer gemeinsamen Verhandlung, um die Verantwortlichkeit abzugrenzen, die sich aus der Formel nicht ergibt. Die Worte „*quod ceteri non sint idonei*" erscheinen allerdings bei dieser Lösung ebenso wie bei Arangio-Ruiz, Solazzi und Biondi, jeweils o. A. 23, aaO., als nachklassischer Zusatz.

hinweist. In jedem Fall hat man eine gemeinsame Verhandlung lediglich erstrebt, sie aber nicht unter allen Umständen für erforderlich gehalten. Dies zeigt eine andere Entscheidung Papinians:

Pap. D. 5.1.44.pr. 2 resp.: Non idcirco iudicis officium impeditur, quod quidam ex tutoribus post litem adversus omnes inchoatam rei publicae causa abesse coeperunt, cum praesentium et eorum qui non defenduntur administratio discerni et aestimari possit.

Hiernach konnte nämlich das Verfahren vor dem Urteilsgericht auch dann stattfinden, wenn einige Tutoren durch öffentliche Belange am Erscheinen verhindert waren, sofern der Richter in der Lage war, die Verwaltungstätigkeit der Erschienenen und die der ausgebliebenen Tutoren gesondert zu beurteilen[28]. Unter den gleichen Voraussetzungen wird der Prätor auch die Klage gegen einzelne Tutoren zugelassen haben können[29].

3. Als Ergebnis ist festzuhalten, daß eine prozeßhäufende Streitgenossenschaft ohne eine gemeinsame Formel dadurch zustandekam, daß der Prätor mehreren Klägern oder Beklagten zur Verhandlung ihrer Streitigkeiten denselben Richter bestellte. Dies wird er immer dann getan haben, wenn er es wegen des Sachzusammenhanges für wünschenswert hielt. Darüber hinaus war er in spätklassischer Zeit sogar wohl grundsätzlich angehalten, denselben Richter zu bestellen, wenn Miteigentümer oder ein Eigentümer und neben diesem ein Nießbraucher oder Pfandgläubiger die *vindicatio in servitutem* erhoben sowie wenn Mitvormünder mit getrennten Geschäftsbereichen oder die Erben eines Vormundes aus der Vormundschaft in Anspruch genommen

---

[28] Auch diese Stelle ist freilich umstritten. So glaubt *Redenti* 58 ff. wie bei Gord. C. 5.51.5 und Pap. D. 11.2.2 an einen Fall der Rechnungslegung. *Biondi* (o. A. 3), 236 vermutet, Papinian habe lediglich sagen wollen, daß man bei geteilter Verwaltung jeden einzelnen gesondert in Anspruch nehmen könne; er ersetzt deshalb „iudicis" durch „praetoris" und tilgt die Worte „post litem adversus omnes inchoatam". Solazzi hat die Stelle zunächst auf die geteilte Verwaltung bezogen (Scritti, o. A. 15, aaO.). Später hat er seine Meinung geändert und auch hier eine Beziehung auf *tutores legitimi* und den Kognitionsprozeß angenommen (Ist. tut. o. A. 12, 273), weil bei geteilter Verwaltung die Verantwortlichkeit eines jeden Tutors gesondert gewertet werden *müsse*, Papinian dies aber nur als *möglich* dargestellt habe. Seine Bedenken entfallen jedoch, wenn Papinian in dieser Möglichkeit lediglich den Grund für die Ausnahme von der besprochenen Regel sah, nach der sonst eine gemeinsame Verhandlung vor demselben Richter stattzufinden hatte, vgl. im Sinne einer geteilten Verwaltung auch *Levy* (o. A. 12), 197 A. 6 und *Voci* (o. A. 10), 87 A. 70.

[29] Vgl. zur Streitgenossenschaft im einzelnen abweichend *Planck* (o. A. 6), 116 ff., *Bethmann-Hollweg* 475, *Castellari* (o. A. 17), 215 f., *Redenti* 59 ff., *Arangio-Ruiz* (o. A. 9), 247, Solazzi, Ist. tut. (o. A. 12), 263 ff., *Pugliese* 279, *Kaser* III, 152 und zuletzt *Voci* (o. A. 10), 85, 87 f. Eine gemeinsame Formel war wohl möglich, da der Richter *ex fide bona* die Verwaltungsaufteilung zu beachten hatte, vgl. auch *Bethmann-Hollweg* 475; sie war aber offenbar nicht erforderlich, *Castellari* 205 f., 217, *Wenger* 81.

wurden. Doch ließ diese Regel jedenfalls Ausnahmen zu. Daher kann man von einer unter allen Umständen erforderlichen und im eigentlichen Wortsinn notwendigen Streitgenossenschaft nicht sprechen.

§ 16. Die Wirkungen der prozeßhäufenden Streitgenossenschaft Das Verfahren vor dem Urteilsgericht

1. Wie bei der förmlichen Prozeßverbindung sind wir auch bei der formlosen, prozeßhäufenden Streitgenossenschaft über den Ablauf des Verfahrens vor dem Urteilsgericht nur unzulänglich unterrichtet. Dies wird nicht lediglich Zufall sein. Auch hier wird der Mangel an Belegen vornehmlich darauf beruhen, daß die römischen Juristen das Verfahren vor dem Urteilsgericht und insbesondere das Beweisverfahren von vornherein mehr außerrechtlichen Regeln unterstellt und überlassen haben[1].

2. Unter dieser Voraussetzung dürfen wir davon ausgehen, daß man sich gewiß nicht auf denselben Richter geeinigt oder gar den Prätor zur Bestellung desselben Richters angehalten hätte, wenn dieser nicht die Macht besessen hätte, die verschiedenen Streitigkeiten gemeinsam zu verhandeln und etwa eine Beweisaufnahme gemeinschaftlich durchzuführen. Fraglich ist nur, ob der Richter letztlich trotz der unterschiedlichen Formeln auch ein gemeinsames Urteil sprechen konnte. Denn in früherer, formstrengerer Zeit hat er über jede Formel gesondert entscheiden müssen. Später mag er jedoch in der Lage gewesen sein, seine Entscheidungen in einer Sentenz zu verbinden — so wie es dem Richter auch im Falle einer Widerklage nicht verwehrt war, über die einzelnen Formeln hinauszusehen, die Entscheidungen zusammenzufassen und die Urteilssummen miteinander zu verrechnen[2].

3. Damit unterscheidet sich diese Art der Parteienmehrheit zwar in ihrer rechtlichen Ausgestaltung von der förmlichen Prozeßverbindung, die durch eine gemeinsame Formel und eine gemeinschaftliche *litis contestatio* gekennzeichnet ist. Auch läßt genaugenommen nur die förmliche Prozeßverbindung die Feststellung zu, daß mehrere Personen in einem und demselben Verfahren in derselben Parteirolle als Streitgenossen auftreten. Überhaupt erreichen die Parteien wohl nur dann mit Sicherheit ihr Ziel, daß der Richter ihre Streitigkeiten gemeinsam beurteilt, wenn der Prätor ihnen eine gemeinsame Formel erteilt. Wenn es aber zu einer gemeinsamen Verhandlung kommt, so ist die Prozeßhäufung vor demselben Richter der prozeßverbindenden Streitgenossenschaft jedenfalls in der Wirkung ähnlich[3].

---

[1] Oben S. 68.
[2] Vgl. zur Widerklage nur *Kaser* III, 264.

4. Im Kognitionsprozeß verlieren diese Unterschiede ihre Bedeutung. Man erleichterte offenbar aus Gründen der Prozeßökonomie die Beteiligung mehrerer Personen am Verfahren und ließ erstmals auch die Nebenintervention zu[4].

---

[3] Scharf unterscheidet diese beiden Formen der Parteienmehrheit *Wenger* 81 f.; zurückhaltender und eher auf die Wirkung bedacht indessen *Castellari* (o. § 2 A. 2), 216 ff.

[4] Vgl. nur *Kaser* III, 382.

Zusammenfassung

I. 1. Mit großer Wahrscheinlichkeit hat bereits im klassischen Formularprozeß die Möglichkeit bestanden, daß mehrere Personen in kontradiktorischen Streitverhältnissen gemeinsam auf der Aktiv- oder Passivseite des Verfahrens in derselben Parteirolle auftreten konnten. Zu diesem Zweck erteilte ihnen der Prätor eine gemeinsame Formel und alle vollzogen gemeinschaftlich die *litis contestatio*. Die römischen Juristen haben diese später so genannte Streitgenossenschaft jedoch nicht zu einem besonderen Institut entwickelt.

2. Wenn im Einzelfall eine solche prozeßverbindende Streitgenossenschaft gebildet werden sollte, mußten die Beteiligten zunächst die allgemeinen Prozeßvoraussetzungen erfüllen, die der Prätor auch bei der Klage oder Belangung eines einzelnen regelmäßig prüfte. Darüber hinaus hatten sie wohl gemeinschaftlich zur Streiteinsetzung zu erscheinen, weil die nachträgliche Erweiterung des Verfahrens auf andere Personen im klassischen Recht offenbar unbekannt war. Schließlich wird der Prätor darauf geachtet haben, ob die Beteiligten aus einem und demselben Rechtsverhältnis aktiv- oder passivlegitimiert waren. Dann konnte er für sie alle dieselbe Musterformel verwenden. In diese fügte er die Namen der mehreren Kläger oder Beklagten ein. Für eine Formelkombination aus verschiedenen Mustern gibt es keinerlei Hinweis.

3. Weitere Voraussetzungen, die in der Art und Ausgestaltung des streitigen Rechtsverhältnisses selbst zu suchen wären, haben für die Streitgenossenschaft offenbar nicht bestanden. Insbesondere besitzen wir keinen Anhalt, der die in einem Teil der Literatur vertretene Ansicht zu stützen vermöchte, daß die Parteienmehrheit ausschließlich bei den teilbaren Aktionen zugelassen worden sei. Dies ist am Beispiel der *rei vindicatio*, der *vindicatio servitutis*, der *actio aquae pluviae arcendae* sowie der Klagen aus einer Verpflichtung zu unteilbarer Leistung deutlich geworden. Soweit die Klassiker sich hier mit der Klage eines Mitberechtigten und der Belangung eines Mitschuldners oder Mitbesitzers besonders beschäftigen, bedeutet dies nicht, daß eine gemeinsame Rechtsverfolgung unzulässig gewesen sei. In diesem Zusammenhang galt das Interesse der klassischen Juristen lediglich der Frage, ob die Klage auf das Ganze oder nur auf den Kopfteil erhoben

werden dürfe, und ob weiterhin im ersten Fall wenigstens das Geldurteil auf die Quote des einzelnen zu beschränken sei.

Darüber hinaus bezeugen die Quellen nur, daß man selbst bei den Arbiträrklagen wie der *vindicatio servitutis* oder der *actio aquae pluviae arcendae*, bei denen die Naturalrestitution unteilbar und deshalb notwendig allen Beteiligten gegenüber wirksam war, eine gemeinsame Klage und Belangung jedenfalls nicht erzwang. Dabei hätten die Regeln der Konsumption einer Prozeßverbindung nicht entgegengestanden. Denn ein gemeinsamer Prozeß wäre wie jede Verfahrenswiederholung allenfalls dann unzulässig, wenn hier wie dort derselbe Anspruch mehrfach zur Entscheidung stände. Tatsächlich aber entspräche eine Streitbegründung mit allen beteiligten Personen durchaus dem materiellen Recht. In einem Gesamtschuldverhältnis darf jeder Gläubiger von jedem Schuldner die gesamte Leistung fordern; der Umstand, daß diese im Ergebnis nur einmal erbracht zu werden braucht, kann noch in der *actio iudicati* hinreichend berücksichtigt werden.

4. Wie das vom Prätor zugelassene Verfahren dann vor dem Richter abgelaufen ist, wissen wir nur unzulänglich, zumal man den wesentlichsten Teil dieses Verfahrensabschnittes, das Beweisverfahren, ohnehin weniger juristischen als außerrechtlichen Regeln unterworfen hat. Immerhin wird anzunehmen sein, daß der Richter vornehmlich nach Zweckmäßigkeitserwägungen vorgegangen ist. Dabei erforderte die gemeinsame Formel wohl jedenfalls eine gemeinsame Beantwortung im Urteil, wie uns dies bei einer Klage gegen mehrere Schuldner aus einer teilbaren Gesamtobligation verläßlich überliefert ist.

5. Diese prozeßverbindende Streitgenossenschaft ist stets nur mit dem Einverständnis aller Beteiligten zustandegekommen. Zumindest hat es bei den kontradiktorischen Streitverhältnissen keinen Fall gegeben, in dem der Prätor gezwungen gewesen wäre, die Namen der beteiligten Personen in einer gemeinsamen Formel zusammenzufassen und deshalb die Klage eines einzelnen Gläubigers oder gegen einen Mitschuldner allein zu denegieren. Nur dort kommt es zu einer der notwendigen Streitgenossenschaft vergleichbaren Situation, wo mehrere Teilnehmer eines Teilungsverfahrens einander nicht mit gegensätzlichen Behauptungen gegenüberstehen, sondern ausnahmsweise gleichgerichtete Interessen haben; so zum Beispiel, wenn Miteigentümer eines Grundstücks mit ihren Nachbarn in einem Grenzstreit stehen oder in einem schwebenden Teilungsverfahren Miterben an die Stelle eines Gemeinschafters treten. Ihre prozessuale Doppelstellung, in der sie notwendig und gemeinsam als Kläger und zugleich als Beklagte den anderen gegenüberstehen, beruht auf der Eigentümlich-

keit des Teilungsverfahrens, das auf eine endgültige Auseinandersetzung oder Grenzbereinigung gerichtet ist.

II. 1. Neben der förmlichen, prozeßverbindenden Streitgenossenschaft hat auch die Möglichkeit bestanden, daß der Prätor verschiedene Streitigkeiten unter mehreren Personen ohne eine gemeinsame Formel zusammenfaßte, indem er allen Klägern und Beklagten denselben Richter bestellte. Dieser hat wohl eine gemeinschaftliche Verhandlung führen können, aber jedenfalls in früherer, formstrengerer Zeit über jede Formel gesondert entscheiden müssen. Erst später mag er seine Entscheidungen dann auch in einer gemeinsamen Sentenz verbunden haben.

2. Diese prozeßhäufende Streitgenossenschaft ist vermutlich ohne weitere Voraussetzungen zulässig gewesen, wenn die Parteien einverstanden waren. Daher wird man diesen Weg vor allem dann beschritten haben, wenn keine einheitliche Formel zur Verfügung stand, in der alle Beteiligten hätten gemeinsam genannt werden können, dennoch aber wegen des sachlichen Zusammenhangs ihrer Streitigkeiten eine gemeinschaftliche Verhandlung und Urteilsfällung nützlich erschien. Darüber hinaus war der Prätor in spätklassischer Zeit grundsätzlich wohl sogar gezwungen, denselben Richter zu bestellen, wenn Miteigentümer oder ein Eigentümer und neben ihm ein Nießbraucher oder Pfandgläubiger die *vindicatio in servitutem* erhoben oder wenn Vormünder mit getrennten Geschäftsbereichen oder mehrere Erben eines Vormundes aus der Vormundschaft in Anspruch genommen werden sollten. Doch ließ man jedenfalls Ausnahmen zu.

3. Im Kognitionsprozeß verloren die Unterschiede zwischen beiden Arten der Parteienmehrheit ihre Bedeutung.

Literaturverzeichnis

Accursius: Accursii Commentarius; Glossa ordinaria in 5 Bänden, Bde. 1 - 3 (Lugduni 1569), Bde. 4 - 5 (Paris 1566).

Albertario, Emilio: Corso di diritto romano: Le obbligazioni solidali (Mailand 1948).

Angelini, Piero: Rezension von Eva Cantarella, La fideiussione reciproca (Mailand 1965), in Iura 17 (1966), 355 ff.

Appleton, Charles: Les négations intruses ou omises dans le manuscrit des pandectes florentines a propos d'un livre récent, NRH 40 (1916), 1 ff.

Arangio-Ruiz, Vincenzo: Istituzioni di diritto romano, 14. Aufl. (Neapel 1960).

— Rezension von Enrico Redenti, Pluralità di parti nel processo civile (s. dort), in Bull. 21 (1909), 236 ff.

Archi, Gian Gualberto: La funzione del rapporto obbligatorio solidale, SDHI 8 (1942), 197 ff.

Bartolus: Opera omnia, 10 Bde. (Venetiis 1590).

Baumbach, Adolf / *Lauterbach,* Wolfgang: Zivilprozeßordnung, begründet von Adolf Baumbach, fortgeführt von Wolfgang Lauterbach unter Mitarbeit von Jan Albers; 30. Aufl. (München 1970).

Behrends, Okko: Die römische Geschworenenverfassung (Göttingen 1970).

Bekker, Ernst Immanuel: Die Aktionen des römischen Privatrechts, Bd. 2 (Berlin 1873).

Benöhr, Hans Peter: Das sogenannte Synallagma in den Konsensualkontrakten des klassischen Rechts (Hamburg 1963).

Beseler, Gerhard: Beiträge zur Kritik der römischen Rechtsquellen, Bd. 3 (1913), Bd. 4 (1920), Tübingen.

— Einzelne Stellen, SZ 45 (1925), 433 ff.

— Et (atque) ideo, et (atque) idcirco, ideoque, idcircoque, SZ 45 (1925), 456 ff.

— Et ideo — Declare — Hic, SZ 51 (1931), 54 ff.

— Fruges et Paleae II, Romanistische Untersuchungen, Festschrift Schulz, Bd. 1 (Weimar 1951), 3 ff.

— Miscellanea, SZ 45 (1925), 188 ff.

— Miscellanea graecoromana, St. Bonfante, Bd. 2 (Mailand 1930), 51 ff.

— Romanistische Studien, SZ 46 (1926), 83 ff.

— Romanistische Studien, TR 8 (1928), 279 ff.

— Romanistische Studien, SZ 50 (1930), 18 ff.

— Textkritische Studien, SZ 52 (1932), 31 ff.

Berger, Adolf: Zur Entwicklungsgeschichte der Teilungsklagen im klassischen römischen Recht (Weimar 1912).

Bethmann-Hollweg, Moritz August: Der römische Civilprozeß, Bd. 2: Formulae (Bonn 1865).

Betti, Emilio: D. 42.1.63, Trattato dei limiti soggettivi della cosa giudicata in diritto romano (Macerata 1922).

Binder, Julius: Die Korrealobligationen im römischen und im heutigen Recht (Leipzig 1899).

Biondi, Biondo: La categoria romana delle „servitutes" (Mailand 1938).
— La compensazione nel diritto romano, APal. 12 (1929), 161 ff.
— Le servitù prediali nel diritto romano, 2. Aufl. (Mailand 1954).
— Rezension von R. Rezzonico, Il procedimento di compensazione nel diritto romano classico (Basel 1958), in Iura 10 (1959), 308 ff.

Biscardi, Arnaldo: Lezioni sul processo romano antico e classico (Turin 1968).
— La „litis contestatio" nella procedura „per legis actiones", St. Arangio-Ruiz, Bd. 3 (Neapel 1953), 461 ff.

Bleicken, Jochen: Senats- und Kaisergericht (Göttingen 1962).

Bonfante, Pietro: Corso di diritto romano, Bd. 2: La proprietà, Teil 1 (Rom 1926).
— La solidarietà classica delle obbligazioni indivisibili, AG 85 (1921), 144 ff. = Scritti, Bd. 3 (Turin 1926), 368 ff.

Bongert, Yvonne: Recherches sur les Récupérateurs, Varia, Etudes de droit romain, Bd. 1 (Paris 1952), 99 ff.

Bonifacio, Franco: Appunti sulla natura della litis contestatio nel processo formulare, St. Albertario, Bd. 1 (Mailand 1953), 61 ff.
— Studi sul processo formulare romano I: Translatio iudicii (Neapel 1956).

Bortolucci, G.: Il mandato di credito, Bull. 27 (1914), 129 ff., Bull. 28 (1915), 191 ff.

Branca, Giuseppe: Sulla terminologia „actio damni infecti", St. Ratti (Mailand 1934), 159 ff.

Broggini, Gerardo: Iudex arbiterve (Köln - Graz 1957).
— Rezension von G. Provera, La pluris petitio nel processo romano I: La procedura formulare (Turin 1958), SZ 77 (1960), 481 ff.

Bruns, Rudolf: Zivilprozeßrecht (Berlin - Frankfurt 1968).

Bund, Elmar: Begriff und Einteilung der Servituten im römischen Recht, SZ 73 (1957), 155 ff.
— Untersuchungen zur Methode Julians (Köln - Graz 1965).

Cantarella, Eva: La fideiussione reciproca (Mailand 1965).

Casavola, Franco: D. 45.2.11.pr., Iura 6 (1955), 155 ff.
— Studi sulle azioni populari romani, Le „actiones populares" (Neapel 1958).

Castellari, A.: Della competenza per connessione, Appendice in: Glück (it.), Commentario alle pandette, Bd. 11 (Mailand 1903), 169 ff.

Ciapessoni, Pietro: Sul Senatoconsulto Neroniano, St. Bonfante, Bd. 3 (Mailand 1930), 649 ff.

Costa, Emilio: Profilo storico del processo civile romano (Rom 1918).

Cuiacius, Jacobus: Opera, 13 Bde. (Prati 1836 - 1846).

De Martino, Francesco: Vel etiam nelle fonti giuridiche romane (Neapel 1938).

Dernburg, Heinrich: Pandekten, 7. Aufl., 3 Bde. (Berlin 1902/1903).

Dernburg, Heinrich / *Sokolowski*, Paul: Pandekten, 8. Aufl., 2 Bde. (Berlin 1912).

Di Lella, Luigi: Querela inofficiosi testamenti (Neapel 1972).

Ehrhardt, Arnold: Litis aestimatio im römischen Formularprozeß (München - Berlin 1934).

Ein, Ernst: Le azioni dei condomini, Bull. 39.1 (1931), 73 ff.

Eisele, Fridolin: Beiträge zur Erkenntnis der Digesteninterpolationen, IV. Beitrag, SZ 18 (1897), 1 ff.

— Correalität und Solidarität, AcP 77 (1891), 374 ff.

— Weitere Studien zum Texte der Digesten, SZ 30 (1909), 99 ff.

Endemann, Wilhelm: Das Deutsche Civilprozeßrecht (Heidelberg 1868).

Faber, Antonius: Rationalia in Pandectas, 5 Bde. (Lugduni 1659 - 1663).

Ferrini, Contardo: Manuale di Pandette, 3. Aufl. (1908), 4. Aufl., besorgt von G. Grosso (1953), Mailand.

Franciosi, Gennaro: Il pocesso di libertà in diritto romano (Neapel 1961).

Frese, Benedikt: Defensio, solutio, expromissio des unberufenen Dritten, St. Bonfante, Bd. 4 (Mailand 1930), 397 ff.

Frezza, Paolo: Le garanzie delle obbligazioni, Bd. 1: Le garanzie personali (Padua 1962).

Fuenteseca, Pablo: Sobre la novela 99 de Justiniano y la supuesta „fideiussio mutua", AHDE 20 (1950), 242 ff.

Girard, Paul Frédéric: Mélanges de Droit Romain, Bd. 2: Droit privé et procédure (Paris 1923).

Glück, Christian Friedrich: Ausführliche Erläuterung der Pandecten nach Hellfeld, ein Commentar, bearbeitet von Glück, K. L. Arndts, K. Salkowski, Hugo Burckhard u. a., 66 Bde. (seit 1790), Serie der Bücher ..., (Erlangen).

Gradenwitz, Otto: Interpolationen in den Pandekten, SZ 7 (1886), 45 ff.

Grosso, Giuseppe: Le servitù prediali nel diritto romano (Turin 1969).

Grosso, Giuseppe / *Deiana*, Giommaria: Le servitù prediali, Bd. 2, 3. Aufl. (Turin 1963).

Guarneri Citati, Andrea: Legato condizionale e costituzione di servitù „pendente condicione", St. Bonfante, Bd. 3 (Mailand 1930), 437 ff.

— Studi sulle obbligazioni indivisibili nel diritto romano (Palermo 1921).

Haymann, Franz: Rezension von Raymond Monier, La garantie contre les vices cachés dans la vente romaine (Paris 1930), SZ 51 (1931), 474 ff.

Heumann / Seckel: Handlexikon zu den Quellen des römischen Rechts, in 9. Aufl. neu bearbeitet von Emil Seckel (Jena 1926; unveränderte 10. Aufl. Graz 1958).

Jahr, Günther: Litis contestatio (Köln - Graz 1960).

Kaser, Max: Adiudicare bei der actio finium regundorum und bei den Vindikationen, Symbolae iuridicae et historicae Martino David dedicatae, Bd. 1: Ius Romanum (Leiden 1968), 85 ff.

— Eigentum und Besitz im älteren römischen Recht, 2. Aufl. (Köln - Graz 1956).

— Zum Formproblem der litis contestatio, SZ 84 (1967), 1 ff.

— Das Geld im römischen Sachenrecht, TR 29 (1961), 169 ff.

— Geteiltes Eigentum im älteren römischen Recht, Festschrift Koschaker, Bd. 1 (Weimar 1939), 445 ff.

— Oportere und ius civile, SZ 83 (1966), 1 ff.

— Quanti ea res est (München 1935).

— Die römische Eviktionshaftung nach Weiterverkauf, Festgabe v. Lübtow (Berlin 1970), 481 ff.

— Das römische Privatrecht, 1. Abschnitt: das altrömische, das vorklassische und klassische Recht, 2. Aufl. (München 1971); abgekürzt: Kaser I.

— Das römische Privatrecht, 2. Abschnitt: die nachklassischen Entwicklungen (München 1959); abgekürzt: Kaser II.

— Das römische Zivilprozeßrecht (München 1966); abgekürzt: Kaser III.

— Rezension von M. Marrone, L'efficacia pregiudiziale della sentenza nel processo civile romano, APal. 24 (1955), 1 ff., in Iura 7 (1956), 216 ff.

— Rezension von G. Provera, La pluris petitio nel processo romano I: La procedura formulare (Turin 1958), in Iura 10 (1959), 263 ff.

— Rezension von J. G. Wolf, Die litis contestatio im römischen Zivilprozeß (Karlsruhe 1968), in Labeo 15 (1969), 196 ff.

Keller, Friedrich Ludwig: Über Litiscontestation und Urtheil nach classischem römischen Recht (Zürich 1827).

Kerr Wylie, J.: Solidarity and Correality (Edinburgh 1923).

Korošec, Viktor: Die Erbenhaftung nach römischem Recht, 1. Teil: Das Zivil- und Amtsrecht (Leipzig 1927).

Koschaker, Paul: Translatio iudicii (Graz 1905).

Kreller, Hans: Rezension von Biondo Biondi, La compensazione nel diritto romano, APal. 12 (1929), 161 ff., in SZ 49 (1929), 506 ff.

Krüger, Hugo / *Kaser,* Max: Fraus, SZ 63 (1943), 117 ff.

Krüger, Paul: Justinianische Entscheidungen streitiger Rechtsfragen im Codex und in den Digesta, Festschrift Bekker (Weimar 1907), 1 ff.

Kunkel, Wolfgang: Quaestio, RE 24.1 (1963), Sp. 720 ff.

— Untersuchungen zur Entwicklung des römischen Kriminalverfahrens in vorsullanischer Zeit (München 1962).

La Rosa, Franca: L'actio iudicati nel diritto romano classico (Mailand 1963).

Lenel, Otto: Das Edictum perpetuum, 3. Aufl. (Leipzig 1927; Neudruck Aalen 1956); abgekürzt: Lenel, EP.
— Palingenesia iuris civilis, 2 Bde. (Leipzig 1889; Neudruck Aalen 1960); abgekürzt: Lenel, Pal.

Lent, Friedrich / *Jauernig,* Othmar: Zivilprozeßrecht. Ein Studienbuch von Friedrich Lent, neubearbeitet von Othmar Jauernig, 16. Aufl. (München 1972).

Levy, Ernst: Die Haftung mehrerer Tutoren, SZ 37 (1916), 14 ff.
— Die Konkurrenz der Aktionen und Personen im klassischen römischen Recht, Bd. 1 (1918), Bd. 2, 1. Hälfte (1922), Berlin.

Liebs, Detlef: Die Klagenkonkurrenz im römischen Recht (Göttingen 1972).

Linde, Justin Timoth. Balth.: Betrachtungen über die Lehre von den Parteien im Civilprozesse, Zeitschrift für Civilrecht und Prozeß, Bd. 16 (Gießen 1842), 91 ff.

Löwisch, Christine: Die historische Entwicklung des Streitgegenstandes auf der Grundlage des römischen und seit der Geltung des gemeinen Rechts (Diss. Münster 1967).

Longo, Carlo: La categoria delle „servitutes" nel diritto romano classico, Bull. 11 (1898), 281 ff.

Lux, Walter: Die Notwendigkeit der Streitgenossenschaft (München 1906).

Marrone, Matteo: L'effetto normativo della sentenza, 2. Aufl. (Palermo 1965).
— L'efficacia pregiudiziale della sentenza nel processo civile romano, APal. 24 (1955), 5 ff.

Masi, Antonio: D. 30.33 e la duplicità di forma dei legati, AG 155 (1958), 100 ff.

Mayer-Maly, Theo: Collusio im Zivilprozeß, SZ 71 (1954), 242 ff.

Medicus, Dieter: Id quod interest (Köln - Graz 1962).
— Zur Urteilsberichtigung in der actio iudicati des Formularprozesses, SZ 81 (1964), 233 ff.

Metro, Antonino: La „denegatio actionis" (Mailand 1972).

Mitteis, Ludwig: Grundzüge und Chrestomathie der Papyruskunde von L. Mitteis und U. Wilcken, Bd. 2, 1. Hälfte (Leipzig - Berlin 1912).
— Individualisierung der Obligationen (Wien 1886).

Mommsen, Theodor: Römisches Strafrecht (Leipzig 1899; Neudruck Darmstadt 1955).

Monier, Raymond: La garantie contre les vices cachés dans la vente romaine (Paris 1930).

Pampaloni, Muzio: Il concetto classico dell' usufrutto, Bull. 22 (1910), 109 ff.

Perozzi, Silvio: Istituzioni di diritto romano, 2. Aufl., Bd. 2 (Rom 1928; Neudruck Mailand 1949).

Peters, Frank: Das „patientiam praestare" im klassischen römischen Nachbarrecht, SDHI 35 (1969), 135 ff.

Pezzana, Aldo: Classicità dell' „actio aestimatoria", AG 140 (1951), 53 ff.

Planck, Julius Wilhelm: Die Mehrheit der Rechtsstreitigkeiten im Prozeßrecht (Göttingen 1844).

Poláček, Adalbert: Denegare actionem im späteren römischen und im justinianischen Zivilprozeß, SZ 63 (1943), 406 ff.

Pringsheim, Fritz: Das Alter der aedilizischen actio quanti minoris, SZ 69 (1952), 234 ff.

— Beryt und Bologna, Festschrift Lenel (Leipzig 1921), 204 ff. = Gesammelte Abhandlungen, Bd. 1 (Heidelberg 1961), 391 ff.

— Eigentumsübertragung beim Kauf, SZ 50 (1930), 333 ff.

Provera, Giuseppe: La pluris petitio nel processo romano I: La procedura formulare (Turin 1958).

Pugliese, Giovanni: La „cognitio" e la formazione di principi teorici sull' efficacia del giudicato, St. Biondi, Bd. 2 (Mailand 1965), 141 ff.

— Il processo formulare, Bd. 1 (Turin 1948).

— Il processo civile romano I: Le legis actiones (Rom 1961/62).

— Il processo civile romano II: Il processo formulare (Mailand 1963), 1. Teil; abgekürzt: Pugliese.

— La prova nel processo romano classico, Jus 11 (1960), 386 ff. = Recueils de la Société Jean Bodin, Bd. 16 (Brüssel 1964), 277 ff.

Rabel, Ernst: Gefahrtragung beim Kauf, SZ 42 (1921), 543 ff.

— Die Haftung des Verkäufers wegen Mangels im Rechte, 1. Teil (Leipzig 1902).

Rechnitz, Wilhelm: Studien zu Salvius Julianus (Weimar 1925).

Redenti, Enrico: Pluralità di parti nel processo civile (diritto romano), AG 79 (1907), 3 ff.; neu abgedruckt in: Scritti e discorsi giuridici di un mezzo secolo, Bd. 1 (Mailand 1962), 3 ff.

Reggi, Roberto: L'interpretazione analogica in Salvio Giuliano (II), St. Parmensi, Bd. 3 (Università di Parma 1953), 465 ff.

Riccobono, Salvatore: Dal diritto romano classico al diritto moderno, APal. 3/4 (1917), 165 ff.

Rodger, Alan: Owners and Neighbours in Roman Law (Oxford 1972).

Rosenberg, Leo / *Schwab*, Karl Heinz: Zivilprozeßrecht. Begr. von Leo Rosenberg, fortgef. von Karl Heinz Schwab, 10. Aufl. (München 1969).

Sanfilippo, Cesare: Studi sul' hereditas, APal. 17 (1937), 65 ff.

Sargenti, Manlio: L'actio aquae pluviae arcendae (Mailand 1940).

Schindler, Karl-Heinz: Zum Problem byzantinischer Bearbeitungen im ersten Codex, St. Volterra 2 (Mailand 1971), 371 ff.

Schmidlin, Bruno: Das Rekuperatorenverfahren (Freiburg/Schweiz 1963).

Schönbauer, Ernst: Die actio aquae pulviae arcendae, SZ 54 (1934), 233 ff.

Schönke, Adolf / *Kuchinke*, Kurt: Zivilprozeßrecht. Ein Lehrbuch von Kurt Kuchinke. 9. Aufl. des von A. Schönke begr. und von H. Schröder und W. Niese fortgef. Lehrbuchs. (Karlsruhe 1969).

Scialoja, Vittorio: Sulla servitus oneris ferendi, AG 27 (1881), 145 ff. = Studi giuridici, Bd. 1 (Rom 1933), 84 ff.

Seeler, Wilhelm: Die Lehre vom Miteigentum nach römischem Recht (Halle 1896).

Segrè, Gino: La clausola restitutoria nelle azioni „de servitutibus" e le formule delle azioni relative alla „servitus oneris ferendi", Bull. 41 (1933), 17 ff.

— La comproprietà e la comunione degli altri diritti reali, Corso di diritto romano (Turin 1931).

Seiler, Hans Hermann: Der Tatbestand der negotiorum gestio (Köln - Graz 1968).

Siber, Heinrich: Römisches Recht in Grundzügen für die Vorlesung, Bd. 2: Römisches Privatrecht (Berlin 1928; Nachdruck Darmstadt 1968).

Solazzi, Siro: Istituti tutelari (Neapel 1929).

— Stipulazioni di servitù prediali, Iura 5 (1954), 126 ff.

— La tutela e il possesso delle servitù prediali (Neapel 1949).

— Tutele e Curatele, Riv. it. 53 (1913), 263 ff.; 54 (1914), 17 ff., 273 ff. = Scritti diritto romano, Bd. 2 (Neapel 1957), 1 ff.

Stintzing, Wolfgang: Über die mancipatio (Leipzig 1904).

Talamanca, Mario: Revoca testamentaria e „translatio legati", St. Betti, Bd. 4 (Mailand 1962), 179 ff.

— Studi sulla legittimazione passiva all' hereditatis petitio (Mailand 1956).

Ubbelohde, August: Die Lehre von den untheilbaren Aktionen (Hannover 1862).

Voci, Pasquale: La responsabilità dei contutori e degli amministratori cittadini, Iura 21 (1970), 71 ff.

Volterra, Edoardo: Senatus consulta, in: Novissimo Digesto Italiano, Bd. 16 (Turin 1969), 1047 ff.

Watson, Alan: The Law of Obligations in the Later Roman Republic (Oxford 1965).

Wenger, Leopold: Institutionen des römischen Zivilprozeßrechts (München 1925); abgekürzt: Wenger.

— Institutes of the roman law of civil procedure (New York 1955).

— Zur Lehre von der actio iudicati (Graz 1901).

Wesener, Gunter: Die Durchsetzung von Regreßansprüchen im römischen Recht, Labeo 11 (1965), 341 ff.

Wetzell, Georg Wilhelm: System des ordentlichen Civilprozesses, 3. Aufl. (Leipzig 1878).

Wieacker, Franz: Das Gesellschafterverhältnis des klassischen Rechts, SZ 69 (1952), 302 ff.

Wlassak, Moriz: Zur Frage der Reform der municipalen Jurisdiction unter Augustus, SZ 9 (1888), 383 ff.

— Die Litiscontestation im Formularprozeß (Leipzig 1889).

— Prozeßrechtliche Studien zu Gai. 4.60, in Rechtshistorische Abhandlungen, aus seinem Nachlaß herausgegeben und bearbeitet von Ernst Schönbauer (Wien 1965), 31 ff.

— Vindikation und Vindikationslegat, SZ 31 (1910), 196 ff.

Woess, Friedrich: Das römische Erbrecht und die Erbanwärter (Berlin 1911).

Wolf, Joseph Georg: Die litis contestatio im römischen Zivilprozeß (Karlsruhe 1968).

Wolff, Hans Julius: Papinian und die Allelengye, St. Volterra, Bd. 3 (Mailand 1971), 735 ff.

— Rezension von Eva Cantarella, La fideiussione reciproca (Mailand 1965), in SZ 84 (1967), 487 ff.

Quellenregister

I. Juristische Quellen

A. Vorjustinianische Quellen

Codex Theodosianus

2.5.1	$32^{49}, 38^{33}$	4.54	23^7
2.5.2	$32, 38^{33}$	4.91 ff.	21^4
2.12.2	$32^{49}, 38^{33}$		

Gai institutiones

Pauli sententiae

4.53 - 60	23^8	1.18.4	$11^4, 91^{12}$

B. Corpus iuris civilis

Institutiones

4.6.33 - 35	23^8	6.1.35.3	22^5
		6.1.76.pr.	22 f.
Digesta		6.1.76.1	23^7
		6.2.12.6	22^5
2.1.11.pr.	19 f.	8.1.17	$35^{21}, 42^{49}, 58^6$, 59 ff.
2.1.11.1	19 f.	8.2.27	$93^{21, 23}$
2.1.11.2	17, 19 f.	8.3.19	$58^{6, 8}$, 61 f.
3.3.31.pr.	17^{13}	8.5.4.3	33^2, 34 ff., 38^{35}, 39 f.,
3.3.31.1	17 ff.		40^{43}, 42 f., 44^{63}, 49,
3.3.31.2	18		51^{32}, 57
3.3.32	18 f.	8.5.4.4	$33^2, 35^{17}, 40, 42, 81^{53}$
3.3.42.6	$18^{18, 19, 20}$	8.5.6.2	42^{55}
3.3.42.7	$21^2, 85^{8, 10}, 95^{30}$	8.5.6.4	$34^{15}, 39^{39}$, 40 ff., 44^{63},
3.3.54.1	100^{17}		81^{53}
3.5.30.7	$17^{13}, 18^{20}$, 44 f., 90^6	8.5.14.1	$93^{21, 24}$
5.1.13	11^5	8.5.19	36^{26}, 37 f., 44^{63}
5.1.14	11^5	9.3.5.5	$66, 67^{16}$
5.2.15.2	29^{30}	10.1.4.5/6	89 ff.
5.1.44.pr.	102	10.1.4.7	16, 91 ff.
5.2.24	28 f.	10.2.2.4	91^{12}
5.3.40.pr.	17^{13}	10.2.25.3 - 5	94^{28}
5.4	26^{20}	10.2.25.7	57
5.4.9	23, 25 f.	10.2.25.8	57
6.1.3.2	$22^5, 23^7$	10.2.25.9	35^{17}, 56 ff., $60^{13}, 63$,
6.1.5.pr.	23^7		$63^{26, 27}$
6.1.6	22^5	10.2.25.10	$42^{49}, 58, 61^{19}$, 63 f.
6.1.8	$22^5, 32$	10.2.27	$11^4, 91^{12}$
6.1.25	17^{13}	10.2.43	91^{12}

Quellenregister

10.2.48	11^4, 21^2, 94 f.	39.3.11.4	46^2, 48 ff., $48^{17, 18}$, 55^{49}
10.3.8.1	23^7		
10.3.28	42^{49}	39.4.6	80^{48}
11.2.1	92 ff.	40.12.8.pr.	98^8
11.2.2	77 f., 101, 102^{28}	40.12.8.1	23 f., 32^{48}, 96 f., 97^4, $98^{6, 8}$, 99^9
16.3.1.44	81^{55}		
17.1.59.3	66^{12}, 68 ff., 74, 80	40.12.8.2	24, 32^{48}, 96 f., 97^3
17.2.52.14	94^{28}	40.12.9	32
21.1.25.8	17^{13}	40.12.9.pr.	24 f., 32, 97^3, 98 f., 99^9
21.1.31.5	86 f.		
21.1.31.5 ff.	88^{23}	40.12.9.1	97^3, 98 f.
21.1.31.5/9	18^{20}	40.12.9.2	97^3, 98^8
21.1.31.6	87	40.12.27	97^4
21.1.31.7	87^{18}	40.12.30	97^3
21.1.31.8	87^{18}	41.3.33.1	26^{20}
21.1.31.9	86^{14}	42.1.43	68, 74 f., 78^{36}, 80
21.1.31.13	17^{13}	42.8.1.1	79^{37}
21.2.62.1	84^6	43.29.3.12	66, 67^{16}
26.7.3.4/9	100^{17}	44.2.29.pr.	97^3
26.7.4	100^{17}	45.1.2.2	42^{49}, $58^{6, 8}$, 59 ff., 60^{16}, $61^{18, 19}$, 63^{28}
26.7.18.1	75^{21}		
26.7.33.2	99^{10}	45.1.2.5/6	60^{13}
26.7.39.10	75^{23}	45.1.75.7	59^{11}
26.7.51	100^{17}	45.1.85.5	84, 84^6
26.7.55.pr.	75^{23}, 101^{23}	45.1.139	84^6
27.8.7	80^{47}	45.1.140.2	$58^{6, 8}$, 62^{22}
30.33	88^{23}	45.2.3.1	67^{21}, 70^8
30.84.13	23, 29 f., 87 f.	45.2.11.pr.	70 f., 72^{12}
30.85	88^{23}	46.1.10.pr.	80^{51}
31.76.pr.	29^{30}	46.1.28	80^{51}
31.76.8	30^{37}	46.1.52.3	69^5
33.3.2	58^6	46.7.5.7	17^{17}, 18^{20}, 85, 86^{14}
39.2.23	54^{47}	47.12.3.pr.	66, 67^{17}
39.2.27	43^{58}	47.12.3.9	67^{18}
39.2.40.2/3	43^{58}	47.23.2	66, 67^{15}
39.3.6.pr.	46^2	47.23.3.1	66
39.3.6.1	46^2, 48^{18}, 50 f., 55, 81^{53}	49.1.4.4	21^3
		49.1.10.pr. - 2	73
39.3.6.5	51^{33}	49.1.10.3	66^{12}, 68, 73 f., 80, 80^{46}
39.3.11.1	46 ff., 46^2, 50^{29}, 51, 51^{35}, 81^{53}	49.14.1.pr.	79^{39}
		49.14.15.pr. - 2	79^{39}
39.3.11.2	46^2, 51 f., 81^{53}	49.14.39.1	76, 78 ff., 80^{49}
39.3.11.3	43, $46^{2, 3}$, 48^{19}, 51 ff., 55^{54}, 81^{53}	49.14.44	79^{40}
		49.14.46.9	80^{49}

Codex

3.28.13	29^{30}	3.40	13, 20
3.28.27	28^{29}	3.40.1	20, 32, 32^{49}, 38^{33}
3.36.17	91^{12}	3.40.2	32^{49}, 38^{33}

4.48.1	21^3	7.55.1	76 ff., 81^{54}
5.38	75^{23}	7.55.2	68, 73^{15}, 75, 77, 80
5.51.5	99 ff., 100^{17}, 102^{28}	8.40.23	69^5
5.52.2	99^{10}, 100^{17}, 101^{23}	8.40.28	63^{28}
5.52.2.pr.	100^{17}	8.40.28.pr.	69^5
5.52.3	75^{23}	8.40.28.1	80^{50}
5.57.1	67^{21}	8.40.28.2	78^{36}, 80^{50}
6.43.1.1	30^{34}	8.40.28.3	80^{50}

Novellae

99   70 ff.

C. Nachjustinianische Quellen

Basiliken mit Scholien

		13.2	81^{55}
8.2.31	17^{17}	42.2.9	26^{20}

D. Gesetze

Lex Rubria

c. 20 17^{13}

II. Nichtjuristische Quellen

Festus (Linds.)

		Plinius min.	
38	17, 17^{13}	ep. 1.18.3	29^{31}
57	15 ff.	ep. 6.33.3	29^{31}
273	17, 17^{13}		

Quintilianus

inst. or. 3.10.1	26 ff., 96^1
inst. or. 3.10.2	23, 26 ff., 32, 96^1

Printed by Libri Plureos GmbH
in Hamburg, Germany